프랑스 대통령 이야기

차례
Contents

03 프랑스 대통령, 프랑스적인 삶의 중심 18 이원정부적인 프랑스 대통령제 28 프랑스 대통령제의 역사 36 프랑스의 역대 대통령 64 프랑스 대통령선거, 살아있는 정치학습장 92 프랑스 대통령, 이원정부제 그리고 우리

프랑스 대통령, 프랑스적인 삶의 중심

사르코지 대통령의 로맨스

"대통령이 영부인과 이혼하고 열세 살 연하인 인기 연예인과 연애하다가 비밀리에 결혼식을 올린다."

우리나라 같으면 상상조차 할 수 없는 상황이겠지만 이것은 2008년 현재 프랑스에서 엄연히 벌어지고 있는 사실이다. 니콜라 사르코지Nicolas Sarkozy는 2007년 5월에 대통령으로 취임한 후 다섯 달 만에 두 번째 부인 세실리아와 이혼을 했고, 그 후 연예인과의 염문설을 불러 일으켰다. 그는 23명의 프랑스 역대 대통령 가운데 재임기간 중 이혼을 한 최초의 대통령이다. 대통령이 이혼을 하자 프랑스 국민들은 누가 새로운 퍼스트 레이디가 될지 관심을 갖기 시작했다. '퍼스트 레이디' 하면 지적이고 우아하고 조신한 부인을 떠올리겠지만 프랑스의 상황은 그렇지 않았다.

물망에 오른 가장 강력한 후보는 이탈리아 이민자 출신의 인기 모델이자 가수인 카를라 브루니Carla Bruni Tedeschi였다. 1968년생인 브루니는 이탈리아 토리노 출신 이민자의 딸로 원래 슈퍼모델이었다가 가수로 변신한 인기 연예인이다. 부유한 예술가 집안에서 태어났지만 그녀는 집안배경의 도움 없이 스스로의 힘으로 경력을 쌓아 왔다. 오랫동안 가수 믹 재거의 연인이었던 빼어난 미모의 브루니는 에릭 클랩튼과 파티를 즐겼고 케빈 코스트너의 구애를 받았으며 부동산 재벌 도널드 트럼프를 유혹했었다. 그녀는 "믹 재거의 연인으로 세간에 각인되는 게 자랑스럽다"며 "(믹 재거와의 관계는) 칠레 독재자 피노체트나 이탈리아의 파시스트 무솔리니와 관계를 갖는 것과는 다르다"고 주장해 주목을 받기도 했다. 사르코지 대통령이 전처 세실리아와 이혼한 직후, 항간에는 사르코지가 여러 유명인 중 한 명과 연애할 것이라는 풍문이 돌았지만 당시에는 브루니가 전혀 언급되지 않았다. 왜냐하면 브루니는 2007년 봄에 치러진 프랑스 대선 때 사회당 후보 세골렌 루아얄을 지지했던 진보적 성향이었기 때문이다.

하지만 2008년 신년기자회견에서 니콜라 사르코지 대통령은 카를라 브루니와 진지한 관계라고 공개적으로 밝혔고, "브루니와의 로맨스는 진지하다"면서 결혼할 준비가 되어 있다는 뜻까지 내비쳤다. 결혼일정에 대한 언론의 예측보도에 대해 그는 "결혼 날짜는 언론사가 잡는 게 아니다"라는 농담으로 응수했다.

2008년 연초에는 외신을 통해 사르코지와 브루니가 이집트의 휴양지 해변에서 수영복 차림으로 함께 즐기는 사진을 찍은 벨기에 남성이 사진판매대금을 어린이 단체에 기부하기로 했다는 소식이 전해졌다. 이혼한 프랑스 대통령과 연예인인 새 애인이 다정하게 손잡고 수영복 차림으로 걷고 있는 이 사진은 프랑스와 네덜란드의 신문에 특종으로 게재되었다. 또 다른 외신에서는 사르코지 대통령이 수행원들을 대동하고 카를라 브루니의 어린 아들 오를레앙 엔토벤을 목말 태운 채 요르단 사적지를 여행하는 사진까지 보도되었다. 브루니는 프랑스 최고의 권력자 사르코지와는 무려 13살 차이였다. 나이를 뛰어넘는 프랑스 최고권력자의 낭만적인 로맨스는 국내외 언론과 프랑스 국민의 이목을 집중시켰다. 이렇게 프랑스 대통령궁은 딱딱한 정치 이야기가 아니라 흥미 있는 로맨스 소식의 진원지가 되었다. 어쨌거나 엘리제궁은 언론브리핑을 통해 대통령의 로맨스 근황도 간간이 소개하며 국민들에게 색다른 재미를 안겨주었다.

프랑스에서 대통령은 정치적 삶의 중심이자 국민적 관심의 대상이다. 국민들은 대통령의 사생활에까지도 흥미를 갖는다. 사르코지의 연애를 통해 우리는 대통령의 연애를 진지한 로맨스로 받아들이는 프랑스 국민의 여유와 자유분방함을 엿볼 수 있다.

옐로저널리즘이 발달해 있는 영국언론은 앞다투어 '연애하는 대통령'에 대한 가십기사를 쏟아냈다. 영국 일간지 「더 타임즈」는 2008년 1월 9일자 신문에서 브루니가 이미 엘리제궁에 들어가 생활하고 있으며 대통령 일정을 통제할 뿐만 아니라 엘리제궁 만찬에 초청할 인사명단까지 직접 챙기고 있다고 전했고, 영국 일간지 「텔리그래프」는 1월 10일자에서 사르코지와 이혼한 세실리아가 프랑스 기자들과 만난 자리에서 "사르코지의 파트너 선택을 존중하지만 브루니로는 사르코지가 나를 금방 잊기 어려울 것"이라고 말했다고 보도했다. 야권에서는 "돈과 명성에 굶주린 사르코지 대통령이 언론을 로맨스로 도배하며 정치를 도외시한다"고 공격했다(「세계일보」 2008년 1월 11일자).

1월 말경에는 스페인의 남성잡지 『DT』 2월호에 브루니의 흑백 누드 사진이 실려 사르코지의 정치적 이미지가 적지 않은 타격을 받았다. '프랑스 만세!'라는 제목의 사진에서, 브루니는 검은 가죽 부츠와 다이아몬드 반지만 걸친 채 '매혹적' 표정으로 카메라를 응시하고 있다(「조선일보」 2008년 1월 26일자). 하지만 프랑스 국민들은 그래도 사르코지의 연애를 스캔들 차원으로 깎아 내리지는 않았다. 결국 엘리제궁은 언론의 추측기사가 난무하는 가운데 사르코지가 브루니와 결혼했음을 공식 발표했다. 이들의 결혼식은 비공개로 진행되었고 가까운 친지 20여 명만 참석한 가운데 진행된 것으로 알려졌다. 프랑스 언론들은 신랑 측 증인으로 명품 그룹 LVMH의 니콜라 바지르가, 신부 측 증인으로 프라다 프랑스의 홍보담당 대표 마틸드 아고스티넬리가 참석했다고 보도했다. 사르코지 대통령은 이로써 2007년 10월 전부인 세실리아와 이혼한 지 100여 일 만에 결혼식을 올렸다. 사르코지, 브루니 부부 사이에는 전부인과 전남편 사이에서 난 4명의 아이들이 있다(「스포츠서울」 2008년 2월 5일자). 어쨌거나 사르코지 대통령의 로맨스는 일단은 해피엔딩으로 끝났다. 사르코지의 염문설에도 불구하고 정치와 사생활은 엄연히 별개라는 프랑스 국민들의 신념은 확고했던 것 같다.

 이런 사례는 비단 이번이 처음은 아니다. 프랑수아 미테랑 대통령의 숨겨둔 딸 마자랭 펭조가 세간에 알려졌을 때도 프랑스인들은 일체 도덕성을 거론하지 않았다. 미테랑 대통령은 스웨덴 여기자와 혼외정사로 딸을 낳았지만 프랑스 언론은 오히려 펭조가 성인이 될 때까지 함구했다. 펭조가 대통령의 숨겨진 딸로 밝혀진 후 일각에서는 정치인 미테랑을 흠집내려 했지만, 「르몽드」 신문은 'Et Alors!(그래서 어쨌단 말이냐)'라는 제목의 사설로 정치와 사생활은 엄격히 분리되어야 함을 역설하며 미테랑 대통령을 두둔했다. 앵글로 색슨 국가나 우리나라에서 사생활이 정치인에게 엄청난 영향을 미치는 것과는 완전히 대조적인 모습이다.

퍼스트 레이디 자리를 스스로 내던진 세실리아

 이번에는 프랑스 최고 권력자의 부인, 즉 퍼스트 레이디에 대해 이야기해 보자. 사르코지 대통령의 전처인 세실리아도 한동안 언론의 지대한 관심을 끌었다. 가십거리나 스캔들에 집착하는 옐로저널리즘뿐만 아니라 「르몽드」나 「리베라시옹」 같은 지성적인 신문들도 사르코지의 전처 세실리아에 대해 심심찮게 기사를 쏟아냈다. 사르코지가 최초의 이혼한 프랑스 대통령이라면, 세실리아는 영부인 자리를 내던지고 이혼한 최초의 퍼스트 레이디이다. 1957년생으로 사르코지보다 두 살 아래인 세실리아는 모델 출신이다. 출중한 미모 덕분에 대통령선거 캠페인 동안에도 집중적인 스포트라이트를 받았다.

 2007년 4월 22일의 대선 결선투표에서 우파지도자 니콜라 사르코지는 좌파 사회당의 세골렌 루아얄 후보를 누르고 승리함으로써 대통령이 되었다. 5월 16일 취임식을 갖고 그는 엘리제궁에 입성했고 세실리아는 엘리제궁의 안주인이 되었다. 하지만 몇 달을 못 가 화려한 궁전, 최고의 권력, 호화스런 생활을 거부하고 세실리아는 결국 사르코지 대통령과 합의이혼을 했다. 그녀는 퍼스트 레이디 자리를 스스로 내던진 첫 번째 영부인이 되었다. 선거 기간에 제기되었던 사르코지와의 불화설이 전혀 사실무근은 아니었음이 밝혀진 것이다. 물론 부부간의 일인지라 정확한 내막은 알 수 없지만 어쨌거나 세실리아는 평범한 퍼스트 레이디는 아니었다. 사르코지도 헝가리 귀족가문 출신인데다 우파정치인의 거두였던지라 대통령 당선 후 호화별장에서 휴가를 보내는 등의 행위로 여러 번 구설수에 올랐지만 세실리아는 이보다 훨씬 더했다.

2007년 8월 19일자 「르몽드」 신문은 세실리아를 풍자하는 만평을 실었다. 만평 속의 세실리아는 마리 앙투아네트 여왕처럼 화려한 드레스를 입고 한 손에 프라다 쇼핑백을 들고 있었다. 미국 뉴햄프셔 주에서 가진 휴가 때 인후염을 핑계로 부시 대통령 가족과의 비공식 만찬을 거절한 다음날 친구들과 쇼핑하는 모습이 카메라에 포착되었다는 소식이 전해진 직후였다. 이 만평에서 루이 16세처럼 차려입은 사르코지가 "(밀값 인상으로) 빵값이 오를 것 같다"고 울상을 짓자 싸늘한 표정의 세실리아는 "그러면 브리오슈(부드러운 프랑스빵의 한 종류)를 주면 되지"라며 마리 앙투아네트처럼 말하고 있다. 프라다 같은 명품 옷을 즐겨 입고 미국 휴가 때도 그녀와 절친한 사이인 프라다 프랑스의 홍보총괄대표가 빌려준 별장에서 호화롭게 지냈던 것을 비꼬았던 것이었다. 반면 사회당 성향의 좌파일간지 「리베라시옹」은 논설위원 로랑 조프랭의 글을 통해 "영부인 세실리아는 명품을 좋아하는 신부르주아이긴 하지만 '아무개의 아내 이상'이다"라며 긍정적으로 평가했다(「조선일보」 조선닷컴 2007년 8월 21일자 참조).

평범하지 않은 스타일로 세간의 주목을 받아온 세실리아는 영부인이 된 지 불과 다섯 달 만인 2007년 10월에 사르코지 대통령과 정식으로 이혼했다. 세실리아는 이혼 후 몇 차례의 언론 인터뷰를 통해 "퍼스트 레이디는 내 자리가 아니었다"고 심경고백을 했고, 전남편 사르코지에 대해서도 이런저런 언급을 했다. 프랑스의 대표적인 여성잡지 『엘르ELLE』와 인터뷰했던 내용은 다음과 같다(『엘르』 독점인터뷰, 2007년 10월 20일자).

엘르: 당신 부부는 많은 어려움과 시련을 겪었다. 결국 당신은 니콜라 사르코지 곁을 떠났고 퍼스트 레이디의 역할을 포기했다. 합의이혼을 했는데 도대체 어떤 일이 있었나?

세실리아: 내 인생의 20년을 니콜라 사르코지를 위해 헌신했다. 20년의 세월은 늘 쉬운 것은 아니었다. 아니 오히려 반대였다. 20년간 나는 그를 위해 그의 그늘에서 내 자신을 희생했다.

엘르: 화려한 금, 궁전, 편한 삶, 영예, 퍼스트 레이디의 역할 등 많은 것을 포기했는데…….

세실리아: 아마 내가 다른 사람과 같지는 않은 것 같다. 하지만 그걸 넘어 나에게 필요한 것은 내 아들 루이와 슈퍼마켓에 가서 장을 보는 것이다.

엘르: 어떤 이는 당신이 선거 캠페인 동안 화합된 커플처럼 연기하면서 사람들을 속였다고 비난하기도 했다.

세실리아: 나는 항상 내 가족을 생각하면서 행동했다. 계산을 한 적은 없다. 니콜라와 나는 한 번도 거짓말을 한 적이 없다. 우리는 우리 부부를 다시 결합하고 구하려고 노력했다. 끝까지 노력했다.

엘르: 당신의 자식들에게 이혼결정을 말했는가?

세실리아: 물론이다. 나는 그들의 반응을 걱정했다. 하지만 쥐디트와 잔느-마리(두 딸)는 이미 다 컸다. 니콜라는 이혼해도 그들의 아버지이고 계속 그럴 것이다. 루이(막내 아들)도 나름대로 잘 대응했다. 그는 다른 아이들처럼 주변의 보살핌이 필요하고 조용한 가정이 필요하다. 나는 그를 많이 돌보려고 한다.

엘르: 니콜라 사르코지에게 앞으로 바라는 바가 있는가?

세실리아: 그가 침착함을 찾았으면 한다. 그리고 우리나라에 필요한 것을 가져다주는 정치인이 되었으면 싶고, 그가 행복했으면 한다.

(인터뷰: 발레리 토라니앙)

세실리아의 이 인터뷰에서 우리는 그녀가 생각하는 니콜라 사르코지와 함께, 현대 프랑스 여성의 독립성 그리고 자유분방한 인식을 어느 정도 엿볼 수 있다.

엘리제궁, 프랑스 정치 1번지

대통령관저인 엘리제궁은 프랑스 정치의 중심이다. 중요한 정책결정이 이루어지는 곳이며 정치뉴스의 발원지이다. 파리 8구의 포부르 생토노레가街(rue du Faubourg-Saint-Honoré) 55번지에 자리 잡은 이 화려한 궁전은 역대 프랑스 대통령들이 기거하며 집무를 봤던 역사적인 공간이다. 특히 프랑스 현대사의 중심이었다고 할 수 있다.

정식 이름은 '르 팔레 드 렐리제(Le Palais de l'Elysée: 엘리제궁)'이다. 엘리제궁은 건축가 아르망-클로드 몰레Armand-Claude Mollet가 지은 건축물이다. 원래 몰레는 엘리제궁이 있는 자리에 넓은 땅을 갖고 있었는데, 1718년 에브뢰공 앙리 드 라 투르 도베르뉴에게 이 땅을 팔았다. 매각하면서 그는 에브뢰공의 저택을 이 땅에 지어주기로 계약했다. 1718년부터 1722년까지 4년간의 공사 끝에 마침내 당시로서는 최첨단의 화려한 저택이 완공되었다. 이 건물은 이후 고전적 건축양식의 가장 훌륭한 모델로서의 명성을 갖게 되었다. 손님을 접견하는 살롱들의 화려한 장식은 이후 몇 세기를 지나면서 크고 작은 변화를 거치기는 했지만 원래의 틀은 그대로 보존되고 있다. 1753년 이 저택의 주인인 에브뢰공이 죽었을 때, 이미 엘리제궁의 명성은 인구에 회자되기 시작했다. 블롱델은 '파리지역에서 가장 아름다운 저택'이라고 극찬했다.

그 후 이 화려한 저택을 사들인 사람은 루이 15세의 정부情婦인 잔느-앙투아네트 푸아송, 즉 퐁파두르 후작부인(Marquise de Pompadour, 1721~1764)이었다. 루이 15세의 총애를 받던 퐁파두르 부인은 이 저택을 파리에 머물 때 기거하는 별장으로 사용했다. 퐁파두르는 프로이센을 견제하기 위해 오스트리아와 제휴하는 등 외교혁명을 주도했고 디드로와 달랑베르의 백과전서를 지원하였으며 각지에 있던 자신의 저택을 미술품으로 장식해 미술발전에도 크게 기여했던 역사적인 여인이다. 하지만 그녀의 외교혁명은 결국 실패로 끝났고 오랜 사치생활로 인한 국가적인 낭비는 프랑스혁명을 유발한 원인 중의 하나가 되었다는 것이 후일의 역사적 평가이다.

퐁파두르 부인이 죽은 뒤 이 건물은 루이 15세에게 유산으로 남겨졌다. 파리의 외국대사들이 머무는 곳으로도 사용되었고 왕실가구를 보관하는 곳으로도 사용되다가 1773년에 금융가인 니콜라 보종에게 팔렸다. 보종은 건축가 에티엔-루이 불레를 시켜 이 건물에 대한 대규모 공사를 하여 1786년 루이 16세에게 사용권을 준다는 조건으로 양도했다. 루이 16세는 이 건물을 외국대사 관저로 사용했다. 1787년에 루이 16세의 사촌인 부르봉 공작부인이 새 주인이 되면서 이 건물은 '오텔 드 부르봉(부르봉관저)'이라고 불린다. 프랑스혁명 발발로 부르봉 공작부인이 체포되자 부르봉관저는 관보출판소, 입법송달위원회 관청 등으로 사용되었다. 1795년 부르봉 공작부인은 풀려났고 2년 후 부르봉관저를 되찾았다.

18세기 말에 이르러 이 건물은 근처의 샹젤리제 거리 이름을 따 '르 팔레 드 렐리제(엘리제궁)'라는 새 이름을 얻는다. 부르봉 공작부인은 스페인으로 추방되면서 엘리제궁을 경매처분했다. 그 후 레옹 드 비니 공작부부, 그들의 넷째 아들 알프레드를 거쳐 조아킴 뮈라 장군이 새 주인이 되었다. 1808년 나폴리왕으로 임명된 뮈라 장군은 '엘리제-나폴레옹궁'이란 이름으로 이 저택을 나폴레옹 황제에게 헌납하였다. 엘리제궁이 점점 프랑스 역사의 중심으로 들어서기 시작한 것이다.

나폴레옹 1세는 1809년 3월부터 오스트리아전투로 떠날 때까지 여기에서 거주했다. 파리가 연합군에 의해 점령당하자 엘리제궁은 짜르 황제의 숙소가 되었다가 1815년에는 웰링턴 공작에게로 넘어갔다. 1816년에 이르러 비로소 엘리제궁은 다시 프랑스 왕실로 돌아오게 되었다. 루이 18세는 조카인 베리 공작에게 궁을 넘겼는데 1820년에 루이-필립이 새 주인이 되면서 엘리제궁은 해외요인들의 체류공관으로 사용되었다.

제2공화국 임시정부하에서 엘리제궁은 '엘리제 나시오날(국유엘리제궁)'이란 이름을 얻었고 그 정원도 대중에게 개방되었다. 1848년 12월 12일 국회는 법령을 공포하고 국유엘리제궁을 프랑스공화국 대통령의 관저로 정했다. 이런 우여곡절 끝에 엘리제궁은 프랑스 대통령관저가 된 것이다.

나폴레옹 1세의 조카인 나폴레옹 3세는 제2공화국의 대통령이 되었지만 쿠데타로 의회를 해산하고 1852년 헌법을 제정해 제2제정의 황제로 즉위한다. 나폴레옹 3세는 튈르리궁을 얻기 전까지는 엘리제궁에서 살았다. 황제 나폴레옹 3세는 자신의 약혼녀인 외제니 드 몽티조에게 엘리제궁을 선물하기 위해 1853년에 건축가 조제프-외젠 라크루와Joseph-Eugène Lacroix를 시켜 전면적 개축을 하였다. 1867년에서야 끝난 대공사 결과, 오늘날 프랑스 대통령궁 엘리제의 모습을 갖추게 되었다. 1867년은 마침 파리에서 만국박람회가 열린 해였는데, 이때 해외에서 온 주요한 손님들은 엘리제궁에서 열린 파티에 참석하기도 했다. 러시아의 짜르 알렉산드르 2세, 터키의 술탄 압

프랑스 제5공화국의 대통령과 재임기간

이름	재임기간
샤를르 드골(Charles de Gaulle)	1959~1965, 1965~1969
조르주 퐁피두(Georges Pompidou)	1969~1974
발레리 지스카르 데스탱 (Valéry Giscard d'Estaing)	1974~1981
프랑수아 미테랑(François Mitterrand)	1981~1988, 1988~1995
자크 시라크(Jacques Chirac)	1995~2002, 2002~2007
니콜라 사르코지(Nicolas Sarkozy)	2007.5.16~현재, 5년 임기

둘-아지즈, 오스트리아 황제 프란츠 요제프 등도 참석했다.

제정붕괴 후에는 엘리제궁이 다시 대통령관저로 회복되었다. 1873년 대통령으로 선출된 마크 마옹 대원수가 이듬해 엘리제궁에 정착한 이후, 엘리제궁은 줄곧 프랑스의 모든 대통령들이 거주하고 집무를 보는 대통령관저로 사용되었다. 제5공화국 출범과 함께 강력한 대통령제가 실시되면서 엘리제궁은 프랑스 정치1번지로 부상하였다.

프랑스 제5공화국에 들어서는 첫 번째 대통령 샤를르 드골로부터 지금의 니콜라 사르코지에 이르기까지 엘리제궁의 주인은 모두 여섯 명이다.

제5공화국 대통령 6명 중 드골과 미테랑, 시라크는 연임을 했다. 드골은 10년, 시라크는 12년, 미테랑은 14년을 통치하여, 가장 오래 대통령으로 재임한 사람은 프랑수아 미테랑이다. 프랑스 헌법에 의하면, 대통령 유고시 가장 먼저 상원의장이 직무를 대행하게 되어 있다. 제5공화국에서 대통령이 중도에 사임하거나 서거한 경우는 두 번 있었다. 1969년 드골 대통령이 사임했을 때와 1974년 퐁피두 대통령이 서거했을 때이다. 당시 헌법에 의거해 두 번 모두 상원의장이었던 알랭 포에르Alain Poher가 대통령권한 대행을 맡았다.

엘리제궁의 주인들 가운데는 재임기간 중 엘리제궁이 대통령 집무공간으로 적절하지 않다는 이유로 이전을 추진했던 이도 있다. 드골은 대통령 초반기에 엘리제궁의 공간이 충분치 않고 전용 헬리콥터 이용도 용이하지 않다며 진지하게 다른 관저로의 이전을 검토했다. 당시 이전 대상지로 검토된 곳은 현재 군사박물관 및 나폴레옹 묘가 있는 앵발리드Invalides와 파리외곽의 뱅센느 성이다. 그러나 그 계획은 결국 무산되었다. 발레리 지스카르 데스탱도 1978년에 에펠탑에서 가까운 에콜 밀리테르(사관학교)로의 이전을 추진했고, 1981년에 취임한 미테랑 대통령은 다시 앵발리드로의 이전을 검토했지만 실행에 옮기지는 않았다. 현재는 대통령궁 이전 문제가 더 이상 거론되고 있지 않다.

엘리제궁의 구조와 대통령궁의 조직

엘리제궁의 1층 구조는 엘리제궁 홈페이지(www.elysee.fr)에 잘 나와 있다. 1층에는 국가적 공식연회나 만찬이 열리는 '살 데 페트(축제장)'와 '나폴레옹 3세 살롱'이 있고 각료회의가 열리는 '뮈라 살롱'이 있으며, 그밖에 초상화 살롱 등이 있다.

계단을 통해 2층으로 올라가면 현관에는 제5공화국 역대대통령들의 초상화가 걸려 있다. 2층에는 대통령집무실, 엘리제궁 사무총장실, 비서실장실 등이 있다. 지스카르 데스탱 대통령 시절에는 비서실장실 공간을 대통령이 직접 사용했고, 현재는 사르코지 대통령의 특별보좌관인 앙리 귀에노가 사용하고 있다. 본 건물 주변에는 대통령 측근이나 보좌진들이 사용하는 사무실과 대통령궁 직원용 유치원, 구내식당 등이 있다.

엘리제라고 하면 보통 공화국대통령관저를 말하고, 여기에서 일하는 직원 모두를 포함한다. 엘리제궁의 조직은 대통령궁 사무총장실, 비서실, 군사참모본부 등으로 구성된다. 사무총장은 보좌관, 정무특보들을 총괄하고 총리실, 내각과의 연계 및 협력을 담당한다. 비서실장은 비서업무와 대통령궁의 대민서비스를 담당한다. 4성 또는 5성 장군이 수장인 군사참모본부는 군통수권자로서의 대통령 역할을 보좌한다. 외교업무, 치안문제, 지정학적 전략 등을 보좌하는 정책보좌관들도 엘리제궁에서 함께 일한다. 그밖에 대통령의 개인적인 업무, 의전, 우편업무, 관저 관리 업무 등을 담당하는 조직들이 있다.

이원정부적인 프랑스 대통령제

다양한 통치형태: 대통령제, 의원내각제, 이원정부제

　지구상에는 200여 개가 넘는 나라들이 존재한다. 각 나라마다 다양한 통치형태를 갖고 있고, 이들 중 똑같은 통치구조를 가진 나라는 없다. 하지만 그런 다양성에도 불구하고 통치형태를 단순화해서 보면 크게 두 가지의 분류법이 있다. '군주제 vs 공화제'가 하나이고, '대통령제 vs 내각제'가 또 하나이다.
　군주제·공화제의 분류방식은 통치주체에 따른 분류이다. 군주제는 군주 또는 국왕 1인이 주권을 소유하는 형태이고, 공화제는 주권이 국민으로부터 나오는 다수지배의 통치형태이다. 봉건시대에는 절대왕정 같은 군주제 형태가 일반적인 통치형태였으나, 오늘날에는 군주가 직접 통치하는 형태를 유지하고 있는 나라는 그리 많지 않다. 브루나이, 부탄, 사우디아라비아 등이 왕이 직접 통치하는 군주제를 유지하고 있다. 하지만 현대에 이르러서는 이들 나라 중 다수는 국왕은 있으나 군림(reign)할 뿐 통치(rule)하지는 않는 이른바 입헌군주제의 형태를 띤다. 대표적인 나라가 영국, 일본 등이고 네덜란드, 노르웨이, 스웨덴, 스페인, 벨기에도 입헌군주제 국가이다. 호주, 뉴질랜드, 캐나다 같은 영연방(Commonwealth of Nations) 국가들은 입헌군주제이기는 하지만 국가원수는 영국 여왕이고 평상시에는 국왕의 역할을 총독(governor general)이 대행한다. 오늘날 훨씬 보편적인 형태는 국왕이 존재하지 않고 국민으로부터 주권이 나오는 공화제이다. 군주제에서는 국가의 원수가 혈통적으로 세습되는 개인이지만 공화제에서는 국정에 참여하는 대표자나 국가원수가 국민의 투표로 선출된다. 일반적으로 공화제는 대통령제나 합의체제의 형태를 취하며 출생에 따른 봉건적 차별이나 신분제를 부정하고, 국민주권, 자유, 평등, 민주주의 등을 통치원리로 삼는다. 공화제의 이념은 영국의 청교도혁명, 미국의 독립전쟁, 프랑스대혁명, 러시아혁명 등을 거치면서 정착되었다. 미국, 프랑스, 우리나라 등이 공화제 국가이다.

통치형태의 또 다른 분류방식은 '대통령제 vs 내각제'의 분류이다. 통치자의 권위는 두 가지가 있는데, 하나는 국가원수(head of state)이고 다른 하나는 행정부의 수반(head of government)이다. 전자는 대외적으로 국가를 대표하고 국가통합의 상징으로서의 최고권위를 갖는 반면, 후자는 내각을 이끌면서 국가의 주요정책을 수립하고 집행하는 최고 책임자(chief executive)를 의미한다. 대통령제에서는 이 두 가지 권위를 대통령이 모두 가지고 있지만, 내각제에서는 국가원수와 행정부수반이 분리된다. 미국이나 우리나라는 대통령제이고, 영국이나 독일은 내각제 국가이다.

한편 프랑스의 경우는 독특하다. 크게 보면 대통령제로 분류할 수 있지만 대통령과 총리의 권한이 둘 다 법적으로 구분되어 있고 각각 고유한 권력을 갖고 있어 정치학자들은 이를 이원집정제 또는 이원정부제(bipolar executive)라고 규정한다. 이원정부제는 대통령제와 내각제의 특징을 동시에 가진다. 프랑스뿐만 아니라 폴란드도 이원정부제를 택하고 있다.

이원정부제는 의원내각제나 대통령제, 그 어느 하나로 분류하기 어려울 정도로 두 가지의 특징을 동시에 가지고 있다. 이원집정제라고 표현하기도 하지만 집정(Consul)이란 표현은 로마 공화정 시대의 통령을 상기시키므로 그리 좋은 표현은 아닌 듯하다. 또한 프랑스식 이원정부제를 대통령과 총리 간의 권력분점체제라고 이야기하기도 하는데, 일면 타당하지만 분야별 권력이 기계적으로 분점되는 것이 아니고 다수당과 대통령이 같은 계열인가 아닌가에 따라 권력형태가 현저하게 달라지므로 이것도 정확한 이해는 아니라 할 수 있다.

정치학자들은 이원정부제를 대통령제와 내각제의 중간이라기보다는 대통령제가 변형된 유형이라고 보는 경우가 많다.

지오바니 사르토리Giovanni Sartoti에 의하면 어떤 정치제도가 이원정부제로 분류되기 위해서는 다음과 같은 특징들을 동시에 가지고 있어야 한다. 첫째, 국가원수인 대통령이 국민들에 의해 직접 또는 간접적 방법으로 선출된다. 둘째, 국가원수는 행정권을 총리와 공유한다. 대통령제에서는 대통령 한 사람에게만 집중되었던 권력이 이원정부제에서는 분산되어 권력을 가진 두 개의 기구가 존재한다. 즉 대통령제에서는 행정부와 의회의 권력 분립에 의해 대통령이 의회로부터 독립되어 있었으나, 이원정부제에서는 국가원수인 대통령이 정부수반인 총리와 권력을 공유해야 한다. 셋째, 대통령은 직접 통치를 하는 것이 아니라 내각을 통해서 통치한다. 넷째, 대통령은 총리를 임명하고 총리는 내각의 각료를 임명한다. 그러나 총리와 내각은 대통령으로부터 독립적이며 의회의 신임에 의존한다. 다섯째, 이원정부제에서는 대통령과 총리 사이에 권력의 균형이 한쪽으로 치우치게 된다(신명순, 『비교정치』, 박영사, 1999, 189-190쪽).

위의 원칙들은 일반적이지만 개별국가에서는 약간 변형된 형태로 운영되는 경우도 있다. 가령 프랑스에서는 대통령이 총리를 임명할 뿐만 아니라 내각의 장관들도 총리의 요청에 따라 역시 대통령이 임명한다.

보통 이원정부제에서 국가원수는 대통령이지만 실질적 집행권은 총리와 대통령으로 이원화되며 국가별로는 다소 차이가 있다. 크게 보면 프랑스와 같은 준대통령제(semi-presidentialism) 또는 의회주의적 대통령제(parliamentary presidential system)라고 불리는 이원정부제와, 오스트리아, 아일랜드, 아이슬란드, 핀란드와 같이 의원내각제로 분류되는 이원정부제가 있다. 전자는 대통령의 정당이 의회의 다수당 또는 다수 정파일 경우 대통령이 아주 강력한 권한을 행사하게 된다. 사실 드골이 애초에 구상했던 프랑스 제5공화국 대통령제의 핵심은 여기에 있다. 이런 경우 대통령은 미국에서 보다도 더 강력한 권한을 갖는다.

하지만 문제는 대통령의 정당이 의회 내 소수당이거나 소수 정파인 경우이다. 이 같은 상황에서 대통령은 자신과는 다른 정당인 다수당 출신의 총리를 임명하지 않을 수 없고, 대통령과 총리는 권력을 둘러싼 상호견제와 경쟁관계에 놓이게 된다. 미테랑 대통령 시절 두 번, 시라크 대통령 시절 한 번 있었던 '좌우 동거(cohabitation)'가 그 경우다. 이러한 경우에는 대통령의 권한이 제한되고 실질적인 권력을 총리가 가지게 되어 의원내각제와 유사한 형태가 된다. 후자의 이원정부제에서는 대통령이 국민에 의해 직선제로 선출되지만 실질적 권한은 약한 편이고 의례적인 존재에 불과하다. 입헌군주제에서 왕의 역할을 선출된 대통령이 하는 정도이다. 통상적으로는 대통령의 권한 행사가 총리를 비롯한 내각의 동의나 승인을 받아야 하므로 상당한 제약을 받는다. 누가 정부의 수반인가에 따라 대통령제냐 의원내각제냐를 판별한다면 동거정부와 같이 대통령의 권한이 약화된 경우의 이원정부제는 의원내각제에 포함시킬 수도 있다.

프랑스의 대통령제

헌법을 보면 그 나라의 정체를 어느 정도 이해할 수 있다.
우리나라 헌법은 전문, 제1장 총강, 제2장 국민의 권리와 의무, 제3장 국회, 제4장 정부, 제5장 법원, 제6장 헌법재판소, 제7장 선거관리, 제8장 지방자치, 제9장 경제, 제10장 헌법 개정, 부칙의 순으로 구성되어 있다. 대통령에 관한 사항은 제4장 1절에 나와 있다.

한편 프랑스 헌법은 전문, 제1장 주권, 제2장 공화국대통령, 제3장 정부, 제4장 의회, 제5장 의회와 정부의 관계, 제6장 국제조약과 협정, 제7장 헌법위원회, 제8장 사법부, 제9장 대법정, 제10장 정부각료의 책임, 제11장 경제사회위원회, 제12장 지방단체, 제13장 누벨칼레도니(뉴칼레도니아)에 관한 임시조치, 제14장 단체협정, 제15장 유럽연합, 제16장 헌법 개정 등으로 구성되어 있고, 그 뒤에 1789년 시민 및 인간권리선언, 1946년 10월 26일 헌법 전문, 2004년의 환경헌장이 붙어있다. 구성순서로 보더라도 프랑스는 대통령의 역할이 중요함을 알 수 있다.

프랑스 헌법 제2장 5조에는 공화국대통령은 헌법준수를 감시하고 국가의 영속성과 공권력집행을 보장하며 민족독립과 영토통합, 조약준수의 수호자라고 규정되어 있다. 대통령선거는 직접보통선거에 의해 이루어지고 대통령의 임기는 5년이다(제6조). 원래는 7년이었으나 2000년 시라크 대통령이 대통령 임기와 국회의원 임기를 맞추기 위해 국민투표를 통해 5년으로 단축, 개정했다. 중임 금지 규정은 따로 없기 때문에 재선, 삼선도 가능하다. 대통령은 절대다수를 득표해야 당선되는데, 1차 투표에서 과반수 득표자가 없을 경우는 14일 후 상위득표자 두 명을 대상으로 결선투표를 하도록 규정하고 있다(제7조).

대통령은 총리를 임명하고, 사직서를 제출하면 총리를 면직할 수 있다. 총리의 제안에 따라 대통령은 나머지 장관을 임면任免할 수 있다(제8조). 대통령은 각료회의(국무회의)를 주재하고(제9조), 최종 통과된 법률이 정부에 제출된 후 2주 후에 법의 발효를 선포한다. 그 기간 안에 대통령은 의회에 제출된 법안이나 개별 조항에 대한 재심을 요구할 수 있고, 의회는 대통령의 재심요구를 거부할 수 없다(제10조).

대통령은 정부나 양원의회의 제안으로 공권력조직, 국가의 경제사회정책, 공공서비스, 조약비준 등과 관련된 모든 법안을 헌법에 위배되지 않는 범위 내에서 국민투표에 부칠 수 있다(제11조).

대통령은 총리, 양원의회 의장과의 협의 후 국회해산을 선언할 수 있고(제12조), 각료회의에서 심의된 조례 등에 서명한다(제13조). 대통령은 신임장을 주어 대사를 해외에 파견할 수 있고(제14조), 대통령은 군통수권자이며 국방과 관련된 최고회의를 주재한다(제15조). 제16조에는 대통령의 비상대권이, 제17조는 사면권이 명시되어 있다.

프랑스 대통령이 행사하는 가장 강력한 권한은 의회해산권과 국민투표회부권 두 가지이다. 효율적인 국정운영을 위해 대통령은 의회를 임기 만료 전에 조기해산하고 총선을 실시할 수 있고, 중요한 정책안은 국민이 직접 선택을 하게끔 국민투표에 부칠 수 있다. 제5공화국에서 국민투표(referendum)를 통해 중요한 정책을 결정하는 방식을 많이 활용했다는 사실은 대통령의 권한이 그만큼 강화되었고 의회의 역할이 축소되었음을 방증한다.

국민투표는 제5공화국 초기 드골 대통령 시절 빈번하게 실시되었다. 2008년 현재까지 10차례의 국민투표가 있었는데

제5공화국에서의 국민투표 개황

일시	대통령	안건	투표율	찬성률	비고
1958.9	드골	제5공화국 헌법 개정	85%	79%	
1961.1		알제리 자치와 프랑스군 철수	76%	75%	
1962.4		알제리 독립을 위한 에비앙협정 승인	75%	91%	
1962.10		대통령 직선제 개헌	77%	61%	
1969.4		지역 및 상원 개혁	81%	47%	부결/ 드골사임
1972.4	퐁피두	유럽공동체 확대	60%	68%	
1988.11	미테랑	누벨칼레도니 독립문제	37%	80%	
1992.9		유럽통합(마스트리히트조약 비준)	70%	51%	
2000.9	시라크	대통령임기 5년으로 단축 위한 개헌	30%	84%	
2005.5		유럽연합헌법 비준	70%	45%	부결/ 라파랭 총리 사임

※ 자료: 『대통령제, 내각제와 이원정부제』(강원택)

드골이 다섯 번, 퐁피두가 한 번, 미테랑이 두 번, 시라크가 두 번 각각 실시했다. 드골은 알제리독립, 직선제 개헌 등 중요한 사안마다 의회를 거치지 않고 국민투표를 실시했다. 1968년 사회운동으로 정국이 불안해지고 국민적 불만이 높아지자 정국타개를 위해 1969년 4월 지역 및 상원 개혁을 위한 개헌안을 국민투표에 부쳤다가 부결되면서 그는 스스로 퇴진했다.

프랑스 대통령의 강력한 권한으로 언급되는 또 한 가지는 헌법 제16조에 규정된 비상대권이다. 이는 사실상 무제한적인 권력을 행사할 수 있는 권한이다. 헌법조항에는 "공화국의 제도, 국가의 독립, 영토통합이나 국제사회에서의 약속이행이 심각하게 위협받고 이를 제어할 헌법상의 공공권력이 중단될 때, 공화국대통령은 총리, 양원의회 의장, 헌법재판소의 공식적 자문을 구한 후 이런 상황에 따라 요구되는 조치를 취할 수 있다. 대통령은 이를 메시지를 통해 국민에게 공포한다"라고 규정되어 있다. 구체적인 상황에 대한 규정이 없고 권한도 추상적이라 사실상의 전권으로 해석될 수 있다. 민주주의적 기반이 취약한 국가에서는 집권자에게 커다란 유혹이 될 수 있는 제도이다. 하지만 프랑스에서는 1961년 알제리 독립정책에 불만을 품은 군인들의 쿠데타음모와 관련해 드골 대통령이 한 차례 비상대권을 행사한 적이 있을 뿐 그 후로는 한 번도 행사된 적이 없다. 단 대통령이 비상대권을 행사하는 동안에는 의회를 해산시킬 수 없도록 규정하고 있다.

프랑스의 대통령제는 당초 강력한 대통령제였다. 드골은 제

3공화국, 제4공화국 시절 내각제가 국정을 안정적으로 이끌지 못했던 데서 교훈을 찾아 대통령중심의 책임정치를 구현하고자 했던 것이다. 제5공화국 헌법은 대통령제, 내각제의 요소를 융합해 만들었기에 두 가지의 성격을 동시에 지닌다. 대통령 선출이나 의회구성이 모두 국민에 의한 직접선거로 이루어지므로 대통령과 의회는 둘 다 정통성을 갖는 권력주체이다.

대통령이 속한 정당이 다수당을 차지하면 프랑스의 대통령제는 5공화국 헌법이 애초에 의도했던 대로 완벽한 대통령제가 된다. 하지만 대통령이 속한 정당이 소수당이 되면 동거정부가 구성되고 이런 경우 국정운영의 책임은 내각이 지게 되므로 의원내각제의 형태를 띤다. 드골이 제5공화국 헌법을 확정할 때 그는 동거정부의 가능성을 예견하지는 못했던 것 같다. 하지만 그들은 미테랑 정권 14년, 시라크 정권 12년을 거치면서 세 차례의 동거정부를 겪었고 그때마다 슬기롭게 정국을 이끌었다. 이제 이원정부제로 운영되는 프랑스식 대통령제는 안정된 국면으로 접어들고 있다. 동거정부도 균형과 견제를 통해 좌우가 협력할 수 있다는 점에서 반드시 나쁜 것만은 아니다. 운영의 묘를 잘 발휘하기만 하면 프랑스식 이원정부제도 좋은 정치체제가 될 수 있을 것이다.

프랑스 대통령제의 역사

프랑스혁명 후 1792년 9월 프랑스 입법의회가 해산되고 국민공회가 시작되었다. 국민공회는 왕정 폐지, 공화정 채택을 선언했고 이로써 제1공화국이 출범했다. 제1공화국(1792~1804)은 처음에는 당통, 마레, 로베스피에르 등 산악당 중심의 자코뱅당에 의해 주도되다가 1794년 로베스피에르의 처단과 함께 공포정치가 종식되고 5인 집정관 집단지도체로 전환되었고 나폴레옹이 실권을 장악한 후 스스로 제위에 오름으로써 막을 내렸다.

나폴레옹 보나파르트의 제1제정은 나폴레옹의 유배로 끝이 났고, 권력은 왕당파로 넘어가 입헌왕정의 형태를 띤다. 1848년 기조 내각이 물러나고 2월 혁명이 발발함으로써 루이 필립은 영국으로 망명하고 제2공화국(1848~1852)이 성립된다. 시인 라마르틴과 사회주의 이론가 루이 블랑을 포함한 임시정부에 이어 루이 나폴레옹 보나파르트가 대통령에 당선되었다.

1848년 12월 10일 치러진 대통령선거는 프랑스의 첫 보통선거였다. 대통령제는 제2공화국 때 처음으로 시행되었다. 말하자면 루이 나폴레옹은 프랑스공화국의 첫 번째 대통령이다. 이 선거에서 루이 나폴레옹은 좌파의 분열과 선거에 대한 정보 부족 덕분에 75%라는 압도적인 득표율로 당선된다. 루이 나폴레옹에게 대거 투표했던 농민 유권자들 중에는 나폴레옹 1세에 대한 투표로 착각했던 사람도 엄청나게 많았다고 한다.

하지만 광범한 지지로 당선된 루이 나폴레옹은 쿠데타를 일으켰고 공화파를 추방하고 스스로 황제로 즉위해 나폴레옹 3세라 칭하며 제2제정(1852~1871)을 열었다. 나폴레옹 3세 몰락 후 1871년에는 공화파의 아돌프 티에르가 급진공화파와의 타협으로 대통령에 당선되었다. 이것이 제3공화국(1871~1940)의 시작이다. 이로써 프랑스는 100년에 걸친 혁명과 혼란을 수습하고 공화제시대를 열었다. 제3공화국은 대통령은 있으나 사실상 정치적 실권이 없어 내각제의 성격이 강했다.

제3공화국의 첫 대통령 아돌프 티에르는 실용주의적 보수주의자였다. 하지만 1873년 왕정주의자들이 의회를 장악하면서 그는 소수파로 전락해 사임하게 된다. 이에 의회는 간접선거로 왕정주의자인 마크 마옹을 새 대통령으로 선출하였다. 1877년 대통령의 의회 해산으로 선거가 치러졌으나 이번에는 공화파가 다수를 장악하게 되었고 마크 마옹은 의회와의 알력으로 사임하였다. 후임으로 취임한 쥘 그레비 대통령은 의회중심의 정치구조를 숙명으로 받아들여 의회해산권 등 대통령의 특권을 스스로 포기했고 의회와의 갈등을 공공연히 피했다. 그는 1882년 엘리제궁에서 열린 각료회의에서 열띤 논쟁이 끝난 후 다음과 같이 말했다.

"장관 여러분, 내가 어떻게 할지 아시겠습니까?"

침묵하는 장관들에게 그는 "나는 아무것도 안 할 것입니다"라고 말했다고 한다. 이는 대통령이 실권이 없고 의회중심으로 정치가 이루어졌던 당시의 정치상황을 상징적으로 보여준다.

제3공화국은 어쨌건 티에르에서 르브룅에 이르기까지 총 14명의 대통령을 배출했다. 제3공화국은 양차대전을 겪었고, 2차대전 와중인 1940년 프랑스의 항복과 함께 몰락하면서 나치 독일에 협력하는 페탱의 비시정권에게 권력을 넘겨주게 되었다.

1944년 8월 파리가 해방되었고, 그 후 드골을 주석으로 하는 임시정부가 2년간 집권하였다. 1946년에는 새 헌법이 채택되고 제4공화국이 선포되었다. 제4공화국은 뱅상 오리올과 르네 코티 두 명의 대통령을 낳았다. 제3공화국과 제4공화국은 사실상 내각제로 운영되었기에 정치적으로 대통령은 중심적인 역할을 수행하지 못했다. 문제는 프랑스가 영국이나 미국처럼 양당제가 아니라 분절된 형태의 다당제였기에 의회중심

제2공화국~제4공화국 역대 프랑스 대통령

대통령	소속당 또는 정파	재임기간
제2공화국(1848~1852)		
루이-나폴레옹 보나파르트		1848~1852
제3공화국(1871~1940)		
티에르(Adolphe Thiers)	공화파	1871~1873
마크 마옹(Patrice de Mac-Mahon)	왕정주의자	1873~1879
그레비(Jules Grévy)	공화파	1879~1887
카르노(Sadi Carnot)	좌파 공화주의자	1887~1894
카지미르 퍼리에(Jean Casimir-Perier)	좌파	1894~1895
포르(Félix Faure)	공화파	1895~1899
루베(Emile Loubet)	좌파	1899~1906
팔리에레스(Armand Fallières)	좌파	1906~1913
푸앵카레(Raymond Poincaré)	PRD(급진사회당)	1913~1920
데샤넬(Paul Deschanel)	우파	1920
밀레랑(Alexandre Millerand)	LRN(국민공화동맹)	1920~1924
두메르그(Gaston Doumergue)	급진파	1924~1931
두메르(Paul Doumer)	급진파	1931~1932
르브룅(Albert Lebrun)	AD(민주동맹), 중도 우파	1932~1940
비시 정권/자유프랑스(1940~1944)		
프랑스공화국 임시정부(1944~1946)		
제4공화국(1946~1958)		
오리올(Vincent Auriol)	SFIO(국제노동자협회프랑스지부, 프랑스 사회당 전신)	1947~1954
코티(René Coty)	중도 우파	1954~1958

의 국정운영이 상당히 불안정했다는 것이다. 다수의 정당이 난립함으로써 한 정당 또는 몇 개 정당의 연합이 의회에서 안

정적인 과반의석을 확보하기란 쉽지가 않았고 또한 내각은 야당이 주도하는 의회의 불신임에 매우 취약했다.

제3공화국(1871~1940) 시절에는 70년 동안 무려 104번이나 내각이 교체되었다. 환산하면 내각의 평균수명은 8개월에 불과하다. 제4공화국(1946~1958)도 마찬가지였는데, 12년 동안 25번 내각이 바뀌어 내각의 평균수명은 6개월이 채 못 된다. 드골이 내각제 대신 강력한 대통령제를 도입한 것은 이런 프랑스 내각제의 정치적인 불안정성 때문이었다.

1958년 5월 알제리에서 일어난 혁명을 계기로 사회적 혼란이 야기되었고, 이런 혼란상황에서 권력을 잡은 이는 드골이었다. 1958년 9월 28일 국민투표를 통해 신헌법이 채택되고 1959년 드골 제5공화국 초대 대통령으로 취임했다. 제5공화국 헌법은 드골과 제5공화국 초대총리였던 미셸 드브레의 주도로 만들어졌다.

5공화국 헌법에는 다음과 같은 세 가지 특성이 동시에 반영되어 있다. 첫 번째는 드골이 추구한 직선제 대통령이다. 드골은 의회나 정당에 대해 부정적이었고 공화정에 대한 믿음을 갖고 있었다. 대통령이 국민의 직접적 신임을 바탕으로 안정적이고 책임 있는 국정을 운영해야 한다고 굳게 믿었던 것이다. 두 번째는 영국식 의회제에 대한 호감이었다. 이는 실무 작업에 참여했던 드브레가 선호했던 것으로, 정치적 안정을 위해 의회가 정부를 불신임하는 요건을 까다롭게 제한하는 형태로 반영되었다. 세 번째는 제4공화국 당시 집권세력의 이해

관계인데, 그들은 정치적 위기상황에서 드골에게 도움을 청하기는 했지만 기득권을 잃고 싶지는 않았다. 결국 그들의 이해는 선거인단에 의한 대통령 간접선거제의 형태로 반영되었다. 대통령선거를 간접선거로 했던 것은 의회주의 성향이던 기득권세력이 국민적 정통성과 의회를 압도하는 강력한 권한을 가진 직선 대통령의 출현을 우려했기 때문이었다. 이런 복잡한 이해관계의 타협과 조정의 결과로 만들어진 것이 바로 제5공화국 헌법이었다(『대통령제, 내각제와 이원정부제』, 177쪽).

1958년까지의 대통령 선출은 베르사이유궁에 상하원의원들이 모두 모여 절대다수로 대통령을 뽑는 간접선거의 방식이었다. 제5공화국도 처음에는 간선제를 채택했지만, 권력을 장악한 드골이 나중에 원래 자신의 정치적 소신대로 직선제로 바꾸었다. 1962년 10월 드골은 대통령 직선제를 골자로 하는 개헌안을 국민투표로 통과시켰다.

드골헌법을 바탕으로 한 제5공화국은 알제리 독립문제를 해결하고 유럽공동시장에서 주도적 역할을 했으며 핵개발과 독자적 자주외교를 추진했다. 드골 대통령은 1965년 12월 대통령선거에서 재선되었다. 1968년 5월 위기 후에도 총선에서 승리했으나 1969년 국민투표의 부결로 대통령직을 사임하였다.

1969년 드골의 후임으로 선출된 조르주 퐁피두 대통령은 임기를 채우지 못하고 1974년에 사망했고, 이로 인해 1974년에 치러진 대통령선거에서는 중도우파의 지스카르 데스탱이 사회당 후보 미테랑을 누르고 당선되었다.

1981년 5월 대통령선거에서 지스카르 데스탱과 미테랑이 다시 격돌했으나 이번에는 좌파 연합후보 프랑수아 미테랑이 승리함으로써 우파에서 좌파로의 정권교체가 이루어졌다. 미테랑은 취임 후 곧바로 하원의회를 해산하고 총선을 실시해 원내 안정의석을 확보하고 대대적인 사회주의 개혁을 단행했다. 사회주의 이념에 입각한 개혁에 우파와 자본가들은 전면적으로 저항했고 결국 미테랑 정권은 타협노선으로 돌아서게 되었다. 1986년 총선에서는 우파가 승리해 제5공화국 들어 처음으로 좌우동거정부를 맞게 된다. 하지만 1988년 5월 대통령선거에서 미테랑은 정치적 적수인 시라크를 꺾고 재선에 성공했고, 조기총선을 통해 사회당 단독내각을 구성했다. 1993년 총선에서는 다시 우파가 승리해 미테랑 정권에서 두 번째로 동거정부가 탄생하였다.

1995년 미테랑은 14년간의 통치를 마감하고 물러났고, 이번에는 자크 시라크가 대선 출마 삼수 끝에 당선되어 제5공화국의 다섯 번째 대통령으로 취임하였다. 2002년 대통령선거에 다시 출마한 시라크는 결선투표에서 장 마리 르펜을 압도적인 표차이로 누르고 재선에 성공했다. 시라크는 2007년에 두 번째 임기를 마치고 물러났다. 2007년 대통령선거에서는 우파의 니콜라 사르코지가 좌파의 세골렌 루아얄을 누르고 새 대통령에 당선되었다.

프랑스 제5공화국 역대 대통령과 총리

대통령	총리	재임기간	비고
드골 1959~1969	드브레(Michel Debré)	1959~1962	
	퐁피두(Georges Pompidou)	1962~1968	
	뮈르빌(Maurice Couve de Murville)	1968~1969	
퐁피두 1969~1974	샤방-델마스(Jacques Chaban-Delmas)	1969~1972	
	메스메르(Pierre Messmer)	1972~1974	
지스카르 데스탱 1974~1981	시라크(Jacques Chirac)	1974~1976	
	바르(Raymond Barre)	1976~1981	
미테랑 1981~1995	모루아(Pierre Mauroy)	1981~1984	
	파비위스(Laurent Fabius)	1984~1986	
	시라크(Jacques Chirac)	1986~1988	동거정부
	로카르(Michel Rocard)	1988~1991	
	크레송(Edith Crésson)	1991~1992	
	베레고부아(Pierre Bérégovoy)	1992~1993	
	발라뒤르(Edouard Balladur)	1993~1995	동거정부
시라크 1995~2007	쥐페(Alain Juppé)	1995~1997	
	조스팽(Lionel Jospin)	1997~2002	동거정부
	라파랭(Jean-Pierre Raffarin)	2002~2005	
	빌팽(Dominique de Villepin)	2005~2007	
사르코지 2007~현재	프랑수아 피용(François Fillon)	2007~현재	

프랑스의 역대 대통령

샤를르 드골 장군, 위대한 프랑스의 화신

　샤를르 드골(Charles de Gaulle, 1890~1970)은 제5공화국을 출범시킨 주역이자 제5공화국의 첫 번째 대통령이다. 본명은 '샤를르 앙드레 조제프 알렉상드르 드골'이다. 그는 북부도시 릴의 독실한 가톨릭 집안에서 태어났고 생시르 육군사관학교를 졸업했다. 제1차 세계대전에 참전했다가 1916년 독일군의 포로로 잡혔고 3차례의 탈옥 끝에 잉글슈타트 수용소에 갇히기도 했다. 1922년에는 모교 생시르 사관학교 교관으로 근무했고 이어 원수 페탱의 부관으로 근무했다. 제2차 세계대전 때는 기갑사단장·국방차관으로 있다가 프랑스가 독일에 항복하자 런던으로 망명해 대독항전을 이끄는 지도자로 부상한다. 자유프랑스위원회를 조직했다가 페탱이 이끄는 비시Vichy 괴뢰정부로부터 사형선고를 받기도 했다. 하지만 1943년 알제리에서 결성된 국민해방위원회 위원장에 취임하여 대독항쟁을 계속했다. 1944년 파리로 귀환해 임시정부의 수반이 되었고, 1945~1946년에는 총리·국방장관을 역임하고, 1947년에는 프랑스국민연합(RPF)을 조직했다. RPF는 1951년 선거에서 제1당이 되었으나, 드골은 1953년 RPF를 해체하고 정계에서 은퇴했다.

1958년 알제리에서 쿠데타가 일어나면서 제4공화국은 붕괴위기를 맞았다. 식민지 알제리에서 일어난 소요사태는 좀처럼 수습되지 않았고, 알제리 독립운동을 두고 프랑스 사회 전체가 양분되었다. 군부는 식민지배를 계속해야 한다는 강경한 입장이었고, 알제리 독립을 인정해야 한다는 반대파도 만만치가 않았다. 군부는 쿠데타를 감행하겠다고 공공연히 위협했다. 이런 위기상황 속에서 드골은 다시 정계에 복귀했다.

드골은 1958년 6월 총리가 되었고, 6개월간의 강력한 비상대권을 부여받았다. 그는 9월 28일 국민투표를 통해 새로운 헌법을 확정하고, 강력한 대통령제를 표방하는 제5공화국을 탄생시켰다. 10월에는 신공화국연합(UNR)을 결성, 11월 총선거에서 제1당으로 만들었다. 뒤이어 12월에 치러진 대통령선거는 간접선거 방식이었는데, 선거인단 투표를 거쳐 드골은 제5공화국의 초대 대통령에 당선되어 1959년 1월에 취임했다.

1962년 10월에는 대통령의 정통성을 강화하기 위해 대통령 직선제 개정안을 국민투표에 부쳐 개헌에 성공했다.

그는 민족주의자였고, 프랑스령 식민지에 대해서도 민족자결정책을 추진했다. 이 과정에서 1962년 테러로 목숨을 잃을 뻔하기도 했다. 그것이 바로 그 유명한 프티-클라마르 암살미수사건이다. 드골의 알제리 독립 추진을 조국에 대한 반역이라 여긴 에콜 폴리테크니크 출신의 엔지니어 장 바스티엥-티리(장 바스티엥-티리는 알제리 독립을 반대하며 비밀무장투장을 해온 OAS(비밀무장조직) 소속이었다)는 1962년 8월 22일 프티-클라마르 교차로에서 드골 대통령을 납치해 살해하려고 기도했다. 그때 발사된 총알이 드골 부부의 얼굴로부터 단 몇 센티미터 비껴나가는 그야말로 아슬아슬한 사건이었다.

실존철학자 장 폴 사르트르와 관련된 다음과 같은 일화도 전해진다(『쎄느강은 좌우를 나누고 한강은 남북을 가른다』, 44쪽).

알제리 독립운동이 한창일 때 사르트르는 스스로 알제리 독립자금 전달책으로 나섰다. 당시 프랑스의 대표적 지성이었던 그가 프랑스에 살고 있는 알제리인들이 갹출한 독립지원금이 들어 있는 돈 가방의 전달 책임자로 자원했던 것이다. 프랑스 경찰의 감시를 피해서 그의 책임 아래 국외로 빼돌린 자금은 알제리인들의 무기 구입에 필요한 돈이기도 했다. 그러므로 그의 행위는 문자 그대로 반역행위였다. 당연히 사르트르를 법적으로 제재해야 한다는 소리가 드골 측근들의 입에서도 나왔다. 이에 대해 드골은 간단히 대꾸했다.
"그냥 놔두게. 그도 프랑스야."

한편으로는 드골의 비범함을, 다른 한편으로는 프랑스적인 톨레랑스를 엿볼 수 있는 일화이다.

드골 장군은 알제리 독립을 둘러싸고 프랑스 사회가 분열된 가운데, 1961년에는 알제리 민족자결과 프랑스군 철수안을, 1962년에는 알제리의 독립을 위한 에비앙협정안을 국민투표에 부쳐 통과시켰다. 결국 그는 알제리 문제를 평화적으로 해결했다.

드골 정권의 가장 두드러진 특징은 자주외교를 지향한 대외정책에 있다. 그는 영국을 미국의 주구走狗로 간주하여 '트로이의 목마'라 칭하면서 유럽통합과정에서 철저히 배제했다. 국제사회에서도 드골은 앵글로색슨 국가들을 강력히 견제했다. 1963년 드골은 영국의 유럽경제공동체(EEC) 가맹안에 대해 단호하게 거부권을 행사했다.

드골 대통령은 미국의 패권주의적 본질을 꿰뚫어 보고 두 개의 적대진영으로 양분되었던 냉전시절에 제3세계 비동맹운동과의 결속을 통한 독자노선을 추구했다. 드골 대통령은 나토의 지휘권 체계가 전적으로 미국적인 성격이라고 비판하며 아이젠하워 미대통령에게 나토를 미국·영국·프랑스 3자 간의 지위체계로 전환할 것을 요청했다. 하지만 이에 대한 미국과 영국의 대답은 절대불가였다. 미국의 헤게모니에 맞서기 위해서 핵무장이 불가피하다고 판단한 드골은 비밀리에 핵개발을 추진했고, 급기야 1960년 핵개발에 성공하면서 독자적인 힘으로 정치 강대국으로 재부상하는 데 성공했다. 그는 미국이 주도하는 서방동맹 내에서의 독자세력화를 꾀했고, 1966년에는 '북대서양 조약기구(NATO)'의 통합군사령부로부터 탈퇴를 전격 선언하였다. 이로 인해 프랑스에 주둔해 있던 미군은 부랴부랴 철수해야만 했고, 당시 파리에 있던 나토 본부도 브뤼셀 근교로 옮겨야 했다. 그 후 프랑스는 나토 회원국의 지위는 유지해 왔으나 군사적으로는 철저히 독자노선을 걸어왔다. 나토에서 탈퇴하면서 드골 대통령이 내세운 이유는 '프랑스가 미국의 군사적 영향력에서 벗어나 자주성을 강화하고자 한다'는 것이었다. 뒤집어보면 '나토는 미국의 군사적 영향력 아래 놓여 있으며 자주성을 갖지 못하는 군사방위기구'라는 것이다. 동서냉전이 치열했던 유럽 중부 지역에서 대사회주의블록의 전진기지 역할을 담당했던 프랑스가 나토를 탈퇴한 이 사건은 미국을 당황하게 만들었던 역사적 사건이었다. 이런 드골주의의 전통은 20세기 후반 그리고 21세기에까지도 여전히 맥을 이어갔다.

'자유 퀘벡 연설사건'도 유명하다.

1967년 '엑스포 67' 참석을 위해 캐나다의 퀘벡에 국빈 방문을 한 드골은 몽레알(몬트리올)의 10만 청중 앞에서 도발적인 연설을 하며 "몽레알 만세, 퀘벡 만세, 자유 퀘벡 만

세"를 외쳤다. 자유 퀘벡이란 말은 캐나다연방으로부터 프랑스어권 퀘벡이 독립해야 한다는 뉘앙스를 강하게 띠고 있었기에 그의 연설은 캐나다를 발칵 뒤집어 놓았다. 이에 당시 캐나다 총리 레스터 피어슨은 드골 대통령의 발언은 "받아들일 수 없다"고 선언했다. 그러자 드골은 "피어슨 총리의 '받아들일 수 없다는 말'이야말로 받아들일 수 없다"고 응수해 양국 간의 긴장이 고조되었다. 드골은 오타와 공식 방문 계획도 일방적으로 취소해버렸다. 이 사건에 대해 드골은 이렇게 말했다.

"나의 발언에 대해 성가시게 생각하는 사람은 세 부류다. 하나는 외교관들인데, 그들은 어떻게든 하면 된다. 두 번째는 기자들인데 상관없다. 왜냐하면 그들이 역사를 기록하는 것은 아니기 때문이다. 세 번째는 앵글로색슨들인데, 그들은 한 번도 나를 좋아한 적이 없다. 그러니까 어쩌겠는가."

드골은 타고난 전략가였고 분명한 지정학적 관점을 가진 타고난 정치가였다. 양차 대전으로 피폐해진 조국 프랑스가 약화되고 제한된 조건에서 다시 강한 프랑스로 재기하기 위해서는 다음과 같은 노선을 분명히 취해야 한다고 그는 확신했다. 이것이 바로 자주외교 노선으로 유명한 드골주의 원칙이다.

첫째, 혼자 힘으로도 국가 영토방어를 보장해 줄 핵억지력을 보유한다.

둘째, 물려받은 유산(구 프랑스령)을 잘 관리한다.

셋째, 프랑스의 추동력 아래 하나의 유럽축을 건설해 힘의 증폭을 가져온다.

넷째, 어떤 일이 있더라도 '세계의 성가신 훼방꾼'으로 머물러 있는다.

자신의 운명을 조국의 운명과 동일시한 드골은 1965년 대통령에 재선되었으나 프랑스 전역을 혼란 속으로 빠트린 1968년의 '5월 혁명'을 맞아 다시 한 번 큰 위기에 봉착한다. 6월 총선거에서 드골파가 승리를 거두었으나 1969년 4월 지방제도와 상원개혁에 대한 국민투표가 부결되자 이를 자신에 대한 불신임으로 간주해 대통령직을 사임했다. 1970년 11월 9일 드골은 콜롱베이-레-되-제글리즈에서 동맥류 파열로 사망했다.

프랑스인들은 아직도 그를 드골 장군이라고 부르기를 좋아한다. 드골 이후 퐁피두나 시라크 대통령이 그러했듯 많은 우파정치인들은 스스로 드골주의의 계승자이기를 원했다. 그만큼 그가 프랑스 현대사에 끼쳤던 영향력은 지대했던 것이다.

조르주 퐁피두, 근대화와 유럽통합에 기여

퐁피두(Georges Jean Raymond Pompidou, 1911~1974)는 7년 임기를 다 채우지 못하고 대통령 재임 중 사망한데다가 정책이나 정치적 노선이 강력하지는 않아 대통령으로서의 강렬한 이미지를 남기지는 못했다. 퐁피두 대통령은 기본적으로 드골주의자였다. 그의 최대 치적은 유럽통합에 기여했다는 점 정도이다.

그는 캉탈 지방의 몽부디프Monboudif에서 태어났고, 학창시절 아주 명민하고 우수한 학생이었다. 1927년 희랍어 콩쿠르에서 최고상을 받았고, 명문 고등학교 리세 루아-르-그랑의 그랑제콜 준비반(프레파라투아르)을 거쳐 프랑스 최고의 엘리트 학교인 에콜 노르말 쉬페리에르(고등사범학교)에 입학했다. 문학을 전공했고 1934년에 교수자격시험에서 일등으로 합격했다. 졸업 후 그는 마르세유의 생 샤를르 고등학교와 파리의 앙리 4세 고등학교에서 교편생활을 했다. 1935년 클로드 카우르와 결혼했으나 자식이 없어 아들(알랭 퐁피두)을 입양했다.

이런 그는 제2차 세계대전 중 중위로 참전했다가 1944년 드골이 이끄는 임시정부에 참여하면서 정치계에 입문하게 되었다. 당시 드골은 글을 쓸 줄 아는 교수자격증 소지자를 원했는데 퐁피두가 적임자로 발탁된 것이었다. 헌법위원회 위원, 로트쉴드 은행 사무총장, 드골의 사무장 등을 역임했고 1962년 총리에 취임, 네 번이나 내각을 이끌었다.

1969년 드골이 사임하자 그의 뒤를 이어 대통령선거에 출마해, 58%의 득표율로 42%를 득표한 알랭 포에르를 누르고 대통령에 당선되었다. 기본적으로는 드골의 '자주노선'을 계승했고, 특히 군사노선은 드골주의를 추종했지만 대영·대미

노선에 있어서는 다소 완화된 정책을 폈다. 그는 대미협력강화를 통해 프랑스의 고립화를 타개하고자 했다. 재임기간에 영국이 유럽경제공동체에 가입하도록 하여 유럽통합에 기여하기도 했다. 국내 정치면에서는 프랑스를 현대화하는 데 애썼는데, 경제현대화와 산업화에 박차를 가했다.

그러나 퐁피두 대통령은 발덴슈트롬Waldenström이란 희귀병으로 임기를 채우지 못하고 대통령 취임 5년 만인 1974년에 서거했다.

재임시절 1969년에 국립현대문화예술센터 건립추진을 시작했고 이 건물에 자신의 이름을 붙였는데, 그것이 오늘날 프랑스를 상징하는 조르주 퐁피두 센터이다. 투명한 유리와 원색의 철골 구조로 유명한 초현대식 국립현대미술관 퐁피두 센터는 1970~1977년까지 8년간의 대공사 끝에 탄생했다. 보부르 광장에 있는 파리의 관광명소 퐁피두 센터는 이렇게 해서 만들어졌던 것이다. 퐁피두 센터로 인해 퐁피두 대통령의 이름은 오랫동안 역사에 남게 되었다. 정치인 퐁피두보다는 문화예술을 지원한 대통령으로서 말이다.

발레리 지스카르 데스탱, 비드골주의 우파지도자

발레리 지스카르 데스탱(Valéry Marie René Georges Giscard D'Estaing, 1926~)은 독일의 코블렌츠에서 태어나 명문가에서 자랐다. 전임 퐁피두 대통령과 마찬가지로 명문 루아-르-그랑 고등학교의 그랑제콜 준비반을 거쳐 최고의 이공계 엘리트학교 에콜 폴리테크니크와 고급 관료양성소인 국립행정학교(ENA)를 졸업했다. 그가 에콜 폴리테크니크 졸업 후 ENA에 다시 입학한 것은 그가 졸업반이던 1948년에 이른바 '1948년 7월 19일 법령'이 만들어져 에콜 폴리테크니크 학생에게는 ENA 입학시험을 면제해 주었기 때문이다.

그는 1954년 12월, 28살의 젊은 나이에 제4공화국의 에드가 포르 총리 내각에 발탁되어 정치인의 길을 걷게 되었다. 1959년에는 재무차관이 되었는데, 그의 나이 33세 때였다. 1962년에 지스카르 데스탱은 독립공화파 정당을 만들고 "우리는 정치적으로 중도파이고 유럽주의자다"라고 선언하였다. 같은 해, 드골 대통령에 의해 재무장관으로 임명되어 인플레이션 억제 등을 골자로 하는 경제프로젝트를 추진하다가 1966년에 사임하면서 드골파와 결별하였다. 이후 퐁피두 대통령 밑에서 다시 재무장관을 맡아 프랑화의 절하切下를 단행했다.

퐁피두가 사망하자 '점진적 개혁'을 선거공약으로 내걸고 1974년 대통령선거에 출마하여 극적으로 당선되었다. 지스카르 데스탱은 1차 투표에서는 32.60%를 득표해 43.25%를 얻은 좌파연합후보 프랑수아 미테랑에게 뒤졌으나 결선투표에서 50.81%를 득표해 근소한 표 차이로 미테랑을 눌렀다.

1981년 대통령 재선을 꿈꾸며 출마해 다시 미테랑과 격돌했으나 이번에는 48.24%득표로 51.76%를 득표한 미테랑에게 석패했다. 1984년 퓌 드 돔 지역의 국회의원이 되어 활동하다가 1988년부터는 프랑스민주연합(UDF)의 총재로서 시라크와 함께 프랑스 우파정치세력을 이끌었다. UDF는 비드골주의의 우파정당연합이며 정치적으로는 중도우파의 노선이다.

프랑수아 미테랑, 문화대통령

> "적어도 그만은 영원할 것으로 믿었는데……. 꼭 아버지를 잃은 것 같은 생각이 든다."

1996년 1월 미테랑 대통령의 사망소식을 전해들은 시민들은 이렇게 이야기했다. 그만큼 미테랑은 프랑스 최현대사에서 커다란 의미를 지녔던 인물이다. 웬만해서는 사진을 싣지 않는 프랑스 최고의 일간지「르몽드」는 미테랑의 사망소식을 전하면서「르몽드」의 오랜 전통을 무시하고 1면 중앙에 엘리제궁 난간에서 정원을 응시하고 있는 미테랑의 사진을 게재했다. 다른 모든 신문들도 거의 전면을 미테랑 특집기사에 할애했다. 그의 죽음이 발표된 후 프랑스의 방송들은 며칠 동안 정규방송을 중단하고 미테랑을 재조명하는 특집방송을 내보냈다.

그의 최대 정적이었던 자크 시라크 대통령은 특별담화를 통해 다음과 같이 말했다.

> "프랑수아 미테랑, 그는 한 사람의 대가였고 의지의 인물이었으며 정치적으로는 인간에 대한 뿌리 깊은 존중에 기반

해 있었다. 그러나 그는 무엇보다도 인간적인 삶 그 자체를 살았다. (중략) 나는 비록 그의 정적이기도 했지만 한편으로는 그를 모시고 총리를 지내기도 했다. (중략) 전 프랑스가 상을 당한 오늘 저녁, 나는 그의 유족들에게 심심한 조의와 존경을 표한다. 모두 그가 남긴 메시지를 깊이 있게 되새기기를 바란다."

이례적으로 대통령 특별담화문을 발표한 시라크 대통령은 눈물을 글썽거렸다. 불과 8년 전 1988년 대통령선거에서 미테랑에 맞서 격렬하게 그를 비난했던 시라크는 정적의 죽음 앞에서 가능한 한 최대의 경의를 표했던 것이다. 이런 시라크의 담화문은 미테랑의 죽음만큼이나 충격적이었다.

당시 일간지 「리베라시옹」이 뽑은 헤드라인처럼 미테랑은 '거부할 수 없는 프랑스의 역사' 그 자체였다. 정치인 미테랑은 프랑스 사회당의 아버지로 좌파세력을 이끈 상징적 인물이었지만, 대통령 미테랑은 좌우 정치대립 너머 저 위쪽에 존재했던 역사적 인물이었다.

1996년 1월 11일, 파리 노트르담 대성당에서 국장國葬으로 치러진 미테랑 대통령 장례식에는 피델 카스트로, 야세르 아라파트, 보리스 옐친, 헬무트 콜을 비롯한 60여 개국의 국가원수가 참여했다. 특히 생중계에서 자주 카메라에 잡힌 콜 독일 총리가 울먹이던 모습은 보는 이의 마음을 뭉클하게 했다. 콜 총리는 자신과 함께 유럽연합 건설의 주역이었던 미테랑의 죽음을 누구보다도 슬퍼했다. 1982년 콜 총리의 집권으로 시작된 그들의 오랜 우정은 좌우라는 정치적 이념을 넘어선 인간적 관계였다고 콜은 회고했다. 다음은 미테랑 서거 당시「르 피가로」지에 특별기고한 콜 총리의 애도문의 일부이다.

"유럽은 미테랑의 죽음으로 한 위인을 잃었다. (중략) 미테랑과 나는 많은 대화를 가졌다. 우리는 정치뿐만 아니라 역사와 문화, 문학에 대한 이야기도 나누었다. (중략) 미테랑은 위대한 애국자이며 동시에 열정적인 유럽시민이었다. 하나의 유럽에 대한 그의 탁월한 식견은 여전히 우리의 사고와 행동을 이끌고 있다."

미테랑은 1916년에 태어나 레옹 블륌의 인민전선 정부 시절 법학을 공부했고 제2차 대전 때는 레지스탕스에 참가했다. 변호사로 활동하던 미테랑은 정치에 입문한 후 드골 정권에서 여러 차례 장관을 역임했고, 1971년 SFIO(국제노동자협회 프랑스지부)를 사회당(PS: Parti Socialiste)으로 재창당했다. 공산당(PCF: Parti Communiste Français)과의 정책연대를 위해 공동강령에 서명하면서 그는 대통령선거에서 좌파세력의 단일후보로 부상하였다. 미테랑은 유럽좌파세력의 지도자로서 장 조레스, 레옹 블륌의 정치적 흐름을 계승하고 민주적 선거를 통해 제5공화국 최초의 좌파정권수립에 성공함으로써 좌파를 유럽정치의 주류로 만든 장본인이다.

14년간의 미테랑 통치에 대해서는 관점에 따라 평가가 엇갈린다. 공산당이나 급진좌파는 그를 개량주의라 비판했고, 우파세력은 집권초기의 대규모 국유화 등 사회주의정책에 대해 부정적이다. 사실 1981년 집권 후 르노 자동차, 에어 프랑스 등 기간산업의 대대적인 국유화는 사회주의자 미테랑의 신념을 분명히 보여준 정책이었다. 이런 사회주의 정책들은 자본가와 우파세력의 강력한 반발에 부딪혔고, 이에 미테랑은 사회당의 연합세력이던 공산당과 결별하고 자본주의와의 타협을 시도했다. 이 부분에서 좌파지식인들과 급진세력의 비판이 시작되었다. 때문에 미테랑의 죽음 앞에서 우파정치인들은 한결같이 존경과 애도를 표했지만 공산주의자나 급진세력은 냉랭한 태도를 보였던 것이다. 공산주의 성향의 프랑스 최대 노조 CGT(노동총연맹)는 공식 논평에서 "그는 급격하게 시장과 돈의 논리에 편입되었고 따라서 애초의 기대와는 달리 노동자들을 실망시키는 데 그쳤다"라고 발표했고, 극좌 트로츠키정당을 이끌고 있는 아를레트 라귀에는 "병고로 숨진 한 인간의 죽음은 언제나 슬프지만 그렇다고 미테랑의 본질이 바뀌지는 않는다. 좌파정치인이라는 미명하에 그는 노동자들에게 고통을 주었다. 따라서 우리는 미테랑의 죽음 앞에서 눈물을 흘리지 않을 것이다"라고 말하기까지 했다.

1981년 소외계층의 희망이자 새로운 정치적 대안의 상징이었던 미테랑은 세계적으로 확산되기 시작한 신자유주의적 자본주의의 공세 앞에서 좌절하면서 사회주의 이념을 정책적으로 추진하는 데는 한계를 보여주었다. 하지만 그럼에도 불구하고 그는 많은 업적을 남겼다. 5주 유급휴가제, 60세 정년퇴직제 실시, 국가보험의 전면적 확대, 사형제 폐지, 그랑 프로제라 일컬어지는 대규모 건축공사 등의 굵직굵직한 성과는 정파에 관계없이 만장일치로 높이 평가되고 있다.

현존하는 프랑스 최고의 석학이라 불리는 자크 아탈리는 2005년 자신이 17년 동안 지근거리에서 보좌했던 미테랑 대통령을 회고하는 평전을 출간했다. 이 평전은 미테랑의 정치적 동반자로서 그를 보좌했던 아탈리의 생생한 경험을 토대로, 엘리제궁을 중심으로 이루어진 정치·외교·경제·사회·교육·문화 전반에 대한 증언이자 권력내부에 깊숙이 관여했던 실천적 석학의 통치관찰기라고 할 수 있다. 이 책에는 프랑스 현대사를 풍미했던 미테랑의 정치적 소신과 리더십 그리고 인간적인 진면목이 잘 드러난다. 위대한 프랑스를 주창하며 사회의 근본적 변화를 주도했고 프랑스 국민들에게 국민으로서의 당당한 자부심을 심어준 역사상 세 명의 지도자를 꼽으라면 아마도 프랑스인들은 나폴레옹과 드골, 미테랑을 꼽을 것이다. 그만큼 미테랑 대통령은 많은 업적을 남겼고 지대한 영향력을 가졌던 역사적 인물이다.

아탈리는 이 평전의 한국어판 서문에서 그를 다음과 같이 평가했다.

"프랑수아 미테랑보다 더 프랑스적인 사람은 없다. 그리고 그보다 더 보편적인 사람은 없다. 그는 역사와 문화 그리고 세계 속의 역할에서 프랑스를 총체적으로 구현했다. 그는 또 민주주의적 정치인이라면 지녀야 할 품위를 보편적 방식으로 구현했다. 그는 가치를 신뢰하고 이를 획득해 나누어줌과 동시에 실현할 수 있는 경영능력의 소유자였다. 비전, 카리스마, 경영능력이라는 세 가지 자질을 갖춘 정치인은 거의 없다. 첫 번째 자질만 갖춘 정치인은 일반적으로 모호한 이론가다. 두 번째만 갖춘 정치인은 위험한 선동정치인이다. 세 번째만 갖춘 정치인은 상상력이 없는 보수정치인이다. 미테랑은 세 자질을 모두 갖추어 세 가지 덫을 모두 뛰어넘었다."(자크 아탈리, 김용채 옮김, 『자크 아탈리의 미테랑 평전』, 뷰스, 2006.)

거의 찬사에 가깝지만 미테랑의 업적과 진면목을 살펴볼 때 이런 찬사는 이유가 있어 보인다. 미테랑은 사회당을 이끌어 온 산 역사이자 사회당을 집권정당으로 만들어놓은 장본인이며, 프랑스 국민의 삶을 크게 바꾸어 놓은 대통령이었기 때문이다.

"아직도 많은 사람이 미테랑이 1973년 사회당의 슬로건을 '삶을 변화시키자'로 정한 것을 비난한다. 그것은 불가능하고 황당한 꿈이었다. 하지만 나는 그에게 이런 비판을 하는 것은 옳지 않다고 생각한다. 집권하기 훨씬 전부터 그는 좌파의 기대와 이상을 모두 실현할 수는 없으리라는 것을 알았다. 그에게 '삶을 변화시킨다'는 것은 아주 구체적인 것을 의미했다. 그것은 생활이 힘든 수백만 명의 일상생활을 지속적으로 향상시키는 것이었다. 그런데 그는 그 일을 해냈다. 1960년대와 1970년대의 프랑스가 어떠했는지 기억한다면 1981년 이래 그의 활동은 프랑스 사회와 프랑스인의 삶을 변화시키는 데 이바지했다는 것을 인정하지 않을 수 없다."(앞의 책, 169쪽)

미테랑은 어쩌면 사회주의적 이념을 실현하고자 했던 것이 아니라 프랑스인의 삶을 실질적으로 변화시키고자 했던 것인지도 모른다. 세상을 변화시킨 정치인 미테랑은 늘 이렇게 말하곤 했다.

"비록 대부분의 프랑스 국민은 그렇지 못하지만 프랑스는 매우 부유한 나라입니다. 우리가 할 개혁에 대해 불안하게 생각하지 마십시오. 그것들은 프랑스가 감당할 수 있는 개혁에 비하면 보잘 것 없는 것들입니다. 우리의 진짜 한계는 재정이 아니라 지나치게 보수적이고 변화가 너무 어려운 프랑스 국민들의 정신상태입니다."(앞의 책, 66쪽)

또한 미테랑은 문화와 예술에 대한 남다른 애정을 가진 문화대통령이었다. 재임 동안 그는 소위 '그랑 프로제Grand Projet'라는 대규모 건축 프로젝트를 추진하면서 위대한 프랑스의 재기를 꿈꾸었다. 가장 대표적인 프로젝트가 루브르의 유리 피라미드이다. 1981년 집권과 함께 발표한 루브르 박물관 광장의 유리 피라미드 건설 계획은 당시 거센 반발에 직면했다. 13세기 초 필립 오귀스트에 의해 지어진 화려한 중세시대 궁전 루브르의 앞뜰에 초현대식 유리 건축물을 짓는다는 발상은 시작부터 엄청난 리스크를 갖고 있었다. 이는 100년 전, 파리시의 한복판에 딱딱하기 이를 데 없는 철골 구조물인 에펠탑을 세우고자 했던 역사적 스캔들만큼이나 충격적이었다. 미테랑 대통령은 중세 궁전 앞에 초현대식 유리 피라미드를 세워 전통과 현대, 옛 것과 새 것을 오묘하게 조화시키고자 했던 것이다. 숱한 반발에도 불구하고 세워진 유리 피라미드는 에펠탑과 함께 파리의 명물이 되었다. 문화를 통해 강대국으로 부상해야 한다는 미테랑의 생각은 그가 남긴 기념비적인 건축물에 고스란히 담겨 있다. 루브르의 유리 피라미드, 라 데팡스의 대형아치, 바스티유의 오페라 극장, 노르망디 대교, 초현대식 국립도서관 등은 바로 문화대국을 꿈꾸었던 미테랑이 남긴 위대한 문화유산이다.

그는 누구보다도 모국어를 사랑했던 대통령으로도 유명하다. 미테랑을 보좌했던 작가 이브 시몽은 다음과 같은 일화를 들려주었다.

"언젠가 미테랑 대통령은 장문의 어려운 편지를 써 가지고 와서는 읽어보라고 했다. 찬찬히 읽어본 후 나는 9개의 문법적 오류를 지적했고 이에 미테랑은 충격을 받은 듯 했다. 그렇게 사랑하는 모국어를 구사하면서 9개나 오류가 있었던 것을 수치로 생각한 그는 만나는 사람마다 그 이야기를 하면서 프랑스어에 대한 이야기를 나누었다. 그러던 어느 날 그는 환한 웃음을 띠며 나에게 말했다. 9명의 언어학자를 불러 그 편지를 다시 읽힌 결과 오류는 단 하나밖에 없었다고 말이다."(『빠리이야기 – 나폴레옹의 후예들』, 266-267쪽)

정치인으로서, 문화예술인으로서 그리고 조국을 진정으로 사랑한 프랑스인으로서 미테랑의 면모를 보여주는 에피소드는 무궁무진하다. 아탈리의 미테랑 평전은 단지 한 인간의 삶을 반추해 보는 것이 아니라 모름지기 정치인이란 무엇인지, 민족을 사랑한다는 것이 무엇인지, 이념과 현실 앞에서 지성인은 어떻게 행동해야 하는지 등에 대한 폭넓은 성찰거리를 제공해 준다.

유럽통합의 주역이며 좌파정치의 거장이었던 미테랑. 프랑스 20세기 후반사에서 드골과 함께 가장 굵은 족적을 남긴 그는 격동의 세상을 떠나 자신이 태어난 시골 마을 자르낙의 가족묘지에 조용히 잠들어 있다. 세인들은 그를 위대한 프랑스 정치인으로 기억하겠지만 프랑스인들은 그를 정치인이기에 앞서 문학·예술·건축을 사랑한 문화대통령, 전통적인 프랑스 신사모를 고집하는 진정한 프랑스인으로 기억할 것이다.

자크 시라크, 강한 프랑스 재건을 꿈꾼 드골주의자

후리후리한 키에 친근한 인상, 잘생긴 얼굴에 높은 코를 가진 자크 시라크Jacques Chirac 대통령. 그는 2007년 5월, 12년간의 임기를 마치고 엘리제궁을 후임 니콜라 사르코지에게 물려주었다. 제5공화국 대통령 중 그는 미테랑 다음으로 오래 프랑스를 통치한 대통령이다.

드골주의의 기치를 높이 들고 1976년 몸소 공화국연합(RPR) 정당의 창당을 주도했고, 전대통령 지스카르 데스탱과 함께 프랑스 현대 우파정치의 쌍두마차를 이끌어온 시라크는 강한 프랑스 재건을 꿈꾸었던 드골주의자이다.

1932년 11월 29일 파리에서 경영자의 아들로 태어난 자크 르네 시라크는 명문 파리정치학교(IEP)에 입학하면서 정치인의 꿈을 키워간다. 후일 그의 아내가 될 베르나데트를 만난 것은 바로 이 학교에서였다. 파리정치학교를 졸업한 후 그는 미국으로 건너가 하버드 여름학교를 다녔다. 미국방문 중 CNN에 출연해 유창하지는 않지만 프렌치 악센트의 영어로 인터뷰를 했던 것은 아마도 하버드 유학 덕분일 것이다. 프랑스인은 영어 못하기로 유명한데, 시라크는 역대 대통령 중 그나마 가장 영어를 잘 했던 대통령 중 하나였다.

야망의 청년 시라크는 좀 더 전문적인 정치인 양성과정을 밟기 위해 프랑스 최고의 엘리트 양성코스인 그랑제콜 국립행정학교(ENA)에 입학했다. 프랑스의 대학은 보통 일반대학 위니

베르시테와 전문적인 엘리트학교 그랑제콜로 구분된다. ENA(에나)는 국립고등사범학교, 에콜 폴리테크니크 등과 함께 손꼽히는 명문 그랑제콜이다. 에나라고 불리는 국립행정학교는 특히 전문정치인, 고위 행정관료를 양성하는 엘리트 기관으로 프랑스의 유명 정치인들이나 고급관료들 중 이 학교 출신이 유난히 많다. 로랑 파비우스 총리, 공화국연합의 알랭 쥐페 총리, 자크 투봉 문화부장관, 필립 세갱 국회의장 등 정치계의 거물들이 모두 국립행정학교를 나왔다. 1995년 대통령선거 1차 투표 때 선두를 다투었던 우파의 자크 시라크 후보(59년 입학), 에두아르 발라뒤르 후보(57년 입학), 그리고 사회당의 리오넬 조스팽 후보는 모두가 ENA 출신 동창들이었다. 2차 결선투표 때 국영 프랑스 2방송의 한 사회자가 당선자 발표를 초조하게 기다리는 시청자들에게 "당선자에 대한 한 가지 힌트를 드리자면 그가 국립행정학교 출신이라는 것입니다"라고 우스갯소리를 했던 일화가 있을 정도이다.

시라크 대통령은 부인 베르나데트와의 사이에 두 딸, 로랑스와 클로드를 두었다. 파리정치학교 동창인 퍼스트 레이디 베르나데트 시라크 여사는 다소 촌스럽고 수동적인 태도 때문에 늘 꿔다 놓은 보릿자루 같다는 언론의 야유에 시달렸다. 그녀는 철저한 남편 추종자였다. 그녀 역시 고향 코레즈에서 지방의원을 지내는 등 남편과 뜻을 같이해 정치인의 길을 걸어왔다. 그녀는 엘리제궁 안주인이 된 후에도 가끔 시내의 카페에 수행원 없이 와서 커피를 마시기도 했다. 시라크 대통령 당선의 일등공신은 둘째딸 클로드 시라크였는데, 그녀는 기자이던 남편이 사고로 요절한 후 줄곧 아버지를 도왔고 어디를 가건 시라크를 수행하는 그림자 같은 존재였다. 1995년 대선 때는 참모로서 일정관리와 유세 프로그램 추진을 맡아 시라크 대통령 만들기에 한 몫을 했고, 대통령 취임 후에는 커뮤니케이션 담당비서 일을 맡기도 했다.

시라크는 1959년 ENA를 졸업하고 1962년에는 퐁피두 총리실에서 근무했다. 1967년 35세의 나이로 코레즈 지방에서 국회하원의원으로 당선되면서 본격적으로 정치인의 길을 걷게 되었다. 1972년 농림부 장관, 1974년 내무부 장관을 거쳤고 1974년 5월에 총리로 발탁되면서 우파정치세력의 지도자로 떠올랐다. 1976년에는 드골주의 정치세력을 규합해 '공화국을 위한 연합정당(RPR)'을 창당했다. 1977년에 파리시장에 당선된 시라크는 대통령궁에 입성할 때까지 줄곧 호화로운 파리시청을 교두보로 우파정치를 이끌었다.

그는 1977년부터 1995년까지 18년간 파리시장을 역임했다. 파리시장은 1871년에 폐지되었다가 1977년에 다시 부활한 자리로, 시라크는 현대사의 첫 파리시장으로 기록되었다. 그의 전임자는 100년 이상을 거슬러 1870년부터 1871년까지 파리시장을 지낸 쥘 페리였다. 시라크는 파리시장 재임 시절이던 1991년 서울시와 우호협력협정에 서명했다. 시라크 임기 중 파리시는 도쿄(1982), 카이로(1985), 베를린(1987), 모스크바(1992) 등 외국의 주요도시들과도 우호협정을 체결했다. 하지만 파리시가 공식적으로 자매결연을 체결한 도시는 1958년에 서명한 로마뿐이다. 그들의 이야기에 의하면 파리시와 자매결연을 할 정도의 도시는 세계에서 로마뿐이고, 로마에 어울리는 도시도 파리뿐이라는 것이다.

자크 시라크는 1981년과 1988년 두 차례 대선에 출마했으나 1981년에는 3위를 차지해 1차 투표에서 탈락했고, 1988년에는 결선투표까지 갔으나 정치베테랑인 미테랑의 아성을 무너뜨리기에는 역부족이었다. 1986년에는 총선 승리로 총리로 임명되어 좌파 대통령 미테랑과 좌우동거내각을 구성해 2년간 엘리제궁과 마티뇽(총리관저)이 불협화음을 빚기도 했다.

1995년 대선에서 그는 사회당의 리오넬 조스팽 후보와 맞붙어 승리함으로써, 대선출마 삼수 끝에 미테랑의 후임으로 엘리제궁의 새 주인이 되었다. 대통령으로 당선된 후 시라크는 파리시장 자리는 부시장이던 충복 장 티베리에게, 공화국연합 당수 자리는 오른팔이던 알랭 쥐페에게 물려주었고, 쥐페를 첫 총리로 임명해 대대적인 개혁에 착수했다. 시라크는 집권과 동시에 미테랑이 금지시켰던 핵실험을 재개하고 미테랑 정권 시기 국유화된 기업들을 다시 민영화시켰다. 시라크가 핵실험을 재개하고 미국에 거슬리는 독자외교를 시도하고 기존의 미국중심 NATO체제를 프랑스-독일 중심의 유럽주축 체제로 바꾸려고 노력을 했던 것은 바로 드골주의 노선의 계승이라고 할 수 있다.

그는 재임기간 중 대통령임기를 7년에서 5년으로 줄이는 헌법 개정을 했고, 2002년에 5년 임기의 대통령선거에 다시 출마했다. 결선투표에서 극우파인 국민전선의 장-마리 르펜을 압도적인 표차이로 누르고 당선되어, 프랑수아 미테랑에 이어 직접선거에서 재선에 성공한 두 번째 대통령이 되었다. 2003년 3월에는 식민통치 후 40년 만에 프랑스 대통령으로는 처음으로 알제리를 공식 방문했고, 2007년 5월에 5년 임기를 마치고 대통령직에서 명예롭게 퇴임했다.

니콜라 사르코지, 프랑스의 온전한 개혁을 위하여

니콜라 사르코지Nicolas Paul Stéphane Sarkozy de Nagy-Bocsa는 1955년 1월 18일생으로 헝가리 귀족 가문 출신이다. 공산정권을 피해 프랑스로 이민 온 아버지와 그리스계 유대인 어머니 사이에서 태어났다. 4세 때 부모가 이혼해 홀어머니 밑에서 자라면서 그는 불운한 유년시절을 보냈다. 프랑스의 엘리트 정치인들이 대부분 엘리트 코스라고 할 수 있는 국립고등사범학교, 국립행정학교, 에콜 폴리테크니크 등 그랑제콜을 졸업한 데 비해, 그는 일반대학인 파리 10대학에서 법학을 전공했다. 사르코지는 대학졸업 후 변호사로 활동하면서 정치에 입문했다.

22세의 젊은 나이에 파리 근교의 부자 마을 뇌이-쉬르-세느 시市의 의원이 되었고, 28세에 시장으로 당선되었다. 1993년 뇌이-쉬르-세느 시장으로 재직 중에 인질사건이 발생했는데, 당시 그는 관할 유아원에 침입한 인질범을 설득해 아이들을 구출해내는 대담한 용기를 보였다. 그 인기에 힘입어 1993년 에두아르 발라뒤르 총리 내각의 예산장관으로 발탁되었고 정치인으로 급성장했다. 처음에는 시라크 계파로 출발했지만, 1995년 대통령선거에서 시라크와 라이벌 관계였던 에두아르 발라뒤르를 지지하면서 시라크 계파와 결별했다. 하지만 이후 2002년 대통령선거에서 시라크의 재선을 위해 적극 지원했고, 시라크 정부에서 내무장관과 경제장관 등을 역임하며 정치적 입지를 굳혀왔다.

그는 내무장관을 역임하면서 강력한 치안정책을 펴 특히 우파성향 국민들에게서 대중적 인기를 누렸다. 내무장관으로 재임하던 2005년 법과 질서의 원칙을 강조하며 파리폭동에 단호히 대처하는 강한 모습을 보여주어 보수 유권자들의 눈도장을 받았다. 당시에 사르코지가 보여준 강력한 범죄 및 치안정책과 이민정책은 그가 우파 정치지도자로서의 입지를 다지는 데 발판이 되었다. 정치인 사르코지는 늘 강성 발언으로 사람들의 입방아에 끊임없이 오르내렸다. 일부 비행 청소년들을 쓰레기로 비하해 파리폭동을 촉발시켰다는 비난을 받기도 했고, 언제나 대통령을 꿈꿔왔다며 공공연히 권력욕을 드러내기도 했다. 또한 미국적 에너지와 기회를 존경한다고 말하면서 영어의 중요성을 강조해 친미주의자라는 비판을 받았다. 그러나 그는 늘 열성적으로 일을 해 '일 중독자'라는 소리를 들을 정도였다. 강력한 추진력과 과감한 돌파력으로 그는 '불도저'

라는 별명을 얻기도 했다.

좌우격돌로 세인의 주목을 받았던 2007년 대통령선거에서 사르코지는 중도보수정치세력 연합체인 대중운동연합(UMP)의 후보로 출마했고 사회당의 세골렌 루아얄 후보를 200만여 표(6%)차로 누르고 대통령에 당선되었다. 그는 루이 나폴레옹 보나파르트를 첫 대통령으로 치면, 프랑스 역사상 23번째 대통령이고 제5공화국의 6번째 대통령이다. 또한 제2차 세계대전 이후에 태어난 전후세대 최초의 프랑스 대통령이자, 이민 2세 출신으로서는 최초의 프랑스 대통령이 되었다.

친미 성향의 니콜라 사르코지는 당선 후 곧바로 미국의 부시 대통령을 만나 미국-프랑스 간의 전통적인 불협화음을 불식하고 우애를 과시했다. 유럽연합 헌법에 회의적이고, 미국과의 협력을 강조하는 반면 전통적 협력국인 독일과는 오히려 선택적 친교를 주장하는 점 등으로 미루어볼 때 사르코지 정부의 외교노선은 역대 프랑스의 전통적인 외교 전략과는 크게 배치된다.

사르코지는 또한 역대 그 어느 대통령보다 더 많은 사생활 뉴스를 쏟아내고 있는 대통령이다. 취임 5개월 만에 부인 세실리아와 이혼하고 모델출신 가수 브루니와 연애를 하다가 비밀리에 결혼하는 등 심심찮게 뉴스를 만들어 냈다.

매우 작은 체구를 가진 사르코지는 어린 시절 작은 키 때문에 콤플렉스를 가졌던 것으로 전해진다. 그의 신장은 국가 비밀이라는 우스갯소리까지 떠도는데, 대선 당시 사르코지 캠프는 공식적으로 그의 키가 170cm가 조금 안 된다고 밝혔다. 조그만 체구에 열정적인 에너지와 타의 추종을 불허하는 야심을 갖고 있는 사르코지는 비슷한 체구에 세계를 호령한 나폴레옹 황제를 떠올리게 한다.

작은 키에 얽힌 나폴레옹의 다음과 같은 일화는 유명하다.

> 나폴레옹이 27세의 젊은 나이로 이탈리아군 사령관으로 발탁되었을 때, 그의 휘하에 있던 오저로 장군이 그와 의견 충돌을 빚었다. 그러자 단신의 나폴레옹은 그에게 이렇게 호통쳤다고 한다.
> "장군, 당신은 나보다 당신 머리 하나만큼 키가 크오. 하지만 만약 당신이 나에게 불복종한다면 나는 당장 그 키의 차이를 없애 버리겠소."

여하튼 역대 대통령 중 드골이나 시라크는 훤칠한 키에 거구였으나 미테랑이나 사르코지는 체구가 왜소한 편이다. 사르코지 대통령은 체구는 작지만 야심만큼은 어느 누구보다도 큰 인물이다. 현재 그는 프랑스의 온전한 개혁을 추진하고 있다. 작은 정부를 주창하며 대대적인 고강도 개혁에 착수했다.

최근 보도에 의하면 사르코지 대통령은 미테랑의 특별보좌관을 지낸 좌파 석학 자크 아탈리가 이끄는 성장촉진위원회(일명 아탈리위원회)가 제안한 316개의 국가개혁안을 수용했다. AFP통신은 사르코지 대통령이 2008년 1월 23일 아탈리위원회로부터 '프랑스 개혁을 위한 316개 제안'을 보고받은 뒤 이를 채택하겠다는 뜻을 밝혔다고 전했다. 사르코지 대통령은 "프랑스에는 고강도 개혁 처방이 필요하다"며 "위원회 제시 방안에 동의한다"고 말했다. 아탈리위원회는 이번 개혁안을 통해 2012년까지 새 일자리를 15만개 만들어 8%대의 실업률을 5%대로 낮추고, 2%대 성장률을 매년 1% 포인트 높이며, 국가 채무는 국내총생산(GDP)의 66%에서 55%로 줄이고자 하고 있다. 제시된 주요 개혁정책을 보면 △주35시간 근무제 폐지 △65세 정년 제한 철폐 △약국과 택시 등 허가제 업종 전면 자유화 △백화점과 레스토랑, 영화관 등 가격 완전 자유화 △기업의 집단소송제 도입 △초등학교 영어교육 강화 △교사의 능력평가제 도입 △대학 10여 개에 민간 재원 지원 등이다(「매일경제」 2008.1.25.). 하지만 프랑스의 노조들은 사르코지 정부의 이런 대대적인 개혁에 거세게 저항하고 있어 앞으로 개혁이 어떻게 진행될지 관심이 집중되고 있다.

프랑스 대통령선거, 살아있는 정치학습장

　현대 민주주의에서 선거는 유권자가 정치공간에 직접 참여할 수 있는 거의 유일한 기회이다. 민주주의의 발원지인 고대 그리스에서는 아고라 광장의 토론과 제비뽑기에 의한 집정관 선출 등의 방식으로 시민들이 통치에 참여하는 직접민주주의를 시행했다. 하지만 국가의 규모가 광대해지고 통치가 복잡해진 오늘날에는 직접민주주의를 운영하는 국가가 지구상에 더 이상 존재하지 않는다. 다만 국민투표, 국민소환, 국민발안 등 직접민주주의의 핵심적 요소를 시행하는 경우를 직접민주주의적인 통치라고 간주하고 있을 뿐이다. 대표적인 나라가 스위스이다. 어쨌거나 그나마 남아있는 직접민주주의의 보편적인 방식은 국민이 참여하는 선거와 국민투표 정도이다. 따라서 이제는 각 나라마다 시행되는 선거가 얼마나 역동적인지를 통해 그 나라 민주주의의 수준을 가늠해 볼 뿐이다.

그런 점에서 프랑스의 대통령선거는 민주주의가 무엇인지를 실감나게 보여주는 살아있는 정치학습장이라 할 수 있다. 좌파와 우파, 여성의 정치참여, 다양한 정책간의 대결, 정파 간의 정치적 연대, 다양한 정치 이데올로기 등 정치학 교과서에서나 접할 수 있는 여러 개념과 용어들이 집약적으로 담겨 있기 때문이다.

프랑스의 대통령선거는 1차 투표와 2차 투표, 두 번으로 이루어진다. 1차 투표에서 과반수의 득표를 하면 그것으로 당선자가 결정되지만 그런 경우는 거의 없으므로 보통은 1차 투표의 상위 득표자 두 명을 대상으로 2주일 후에 최종 결선투표를 치르게 된다. 21세기 들어 프랑스는 두 번의 대통령선거를 치렀다. 쟈크 시라크 대통령은 재임 중 대통령의 임기를 7년에서 5년으로 단축하는 헌법 개정을 단행했고, 개정헌법에 따라 5년 임기의 대통령 직무를 수행한 첫 번째 대통령이다.

2002년과 2007년에 각각 대통령선거가 있었다. 이 두 번의 대통령선거를 살펴보면서 프랑스 대통령선거의 역동성을 함께 느껴보자.

정치적 다양성이 돋보였던 2002년 프랑스 대선

무지개가 아름다운 것은 빨주노초파남보의 서로 다른 색깔들이 한데 어우러져 있기 때문이고, 봄 동산의 꽃밭이 아름다운 것은 형형색색의 꽃들이 조화롭게 피어있기 때문이다. 이런 질문을 한번 던져보자. "극우에서 극좌까지 서로 다른 이데올로기가 공존한다는 것이 현실적으로 가능한가?" 국론통일과 이념검증에 길들여진 한국 사람들 중 많은 이들은 그게 어찌 가능하겠는가라고 생각하겠지만, 실제 그런 사회는 존재한다. 바로 프랑스가 그러하다. 프랑스 정치를 바라보는 묘미는 이데올로기의 다양성과 좌우의 공존에 있다.

프랑스 정치는 분명 독특하고 유별나다. 이웃나라 영국의 정치는 우파인 보수당과 좌파 신노동당이 주도하는 양당정치이고, 독일 정치 역시 우파 기민당(바이에른 지방은 기사당)과 좌파 사민당, 두 거대정당이 이끌고 있다. 프랑스에서도 우파정당인 공화국연합(RPR), 국민운동연합(UMP)과 좌파 사회당(PS)이 정치를 주도한다. 하지만 우파정당과 사회당의 비중이 영국의 보수당, 노동당처럼 절대적이지는 않으며, 프랑스 정치는 양당제라기보다는 다당제에 가깝다. 가령 시라크 대통령 시절 동거정부를 구성했던 리오넬 조스팽 총리 내각은 사회당이 주도하는 좌파정권이었지만 그 내부를 들여다보면 여러 가지 색깔로 구성되어 있었다. 체육부, 교통부, 관광부는 공산당이, 환경부는 녹색당이, 내무부는 시민운동당이 맡음으로써 좌파연합의 성격을 띠었던 것이다. 게다가 대통령은 우파 수장 자크 시라크가 맡고 있어 '우파 대통령에 좌파 정부'라는 이원정부적인 형태였다. 사소한 차이도 용납하지 못하는 우리나라의 정치 현실에서는 상상조차 할 수 없는 정치구조이다.

프랑스 정치의 다양성과 역동성은 대통령선거 때에 극적으로 나타난다. 프랑스 대통령선거에 출마한 후보자의 명단을 훑어보면 그 이념적 스펙트럼에 벌어진 입을 다물 수 없을 정도이다. 이거야말로 진정한 색깔 논쟁이라 할 수 있다. 하지만 프랑스에서의 색깔 논쟁은 마녀사냥이나 이념검증이 아니라 정책대결로 표출된다. 만약 프랑스 사람들에게 '이념검증'에 대한 생각을 물어본다면 그들은 "사상과 이념, 표현의 자유는 천부인권인데, 검증이라니! 사상검증은 파시스트나 전체주의의 발상입니다"라고 대답할 것이다.

각설하고, 프랑스 대선을 통한 색깔여행을 한번 떠나보자. 프랑스 대선 후보들에게는 이념검증이 필요 없다. 사상의 자유가 철저히 보장되므로 후보들은 자신의 색깔을 분명히 드러내고 자유롭게 이념과 정책을 내세운다. 이념검증을 한다는 것은 특정 사상은 불용한다는 이야기이고, 바꾸어 말하면 사상과 표현의 자유를 허용하지 않는다는 이야기이다.

정치적 다양성을 생명으로 하는 프랑스에서 1차 투표로 대통령이 당선된 경우는 한 번도 없었다. 국회의원을 뽑는 총선에서도 그런 경우는 극히 드물다. 두 차례의 대통령선거 중 더 역동적인 것은 단연 1차 투표이다. 왜냐하면 많은 후보들이 각기 다양한 정책과 색깔을 들고 나와 공방을 벌이므로 그야말로 '무지개 정치판'이 되기 때문이다.

2002년 프랑스 대선에 입후보했던 후보는 무려 16명이나 된다. 프랑스에서는 유권자 500명의 지지서명만 받으면 누구나 대통령 후보로 출마할 수 있다. 2002년 4월 21일에 치러진 1차 선거는 프랑스 건국 이래 최대의 이변을 낳았다. 특히 좌파세력에게 엄청난 충격과 패배를 안겨주었다. 좌파후보들의 표가 지나치게 분산됨으로써 사회당 후보인 리오넬 조스팽이 3위 득표에 그쳤고, 따라서 좌파후보는 아무도 결선투표에 진출하지 못했기 때문이다. 1위는 현직 대통령이었던 자크 시라크, 2위는 17%를 득표한 극우정당 국민전선의 장 마리 르펜이었다. 2차 결선투표의 결과는 보지 않아도 뻔했는데, 5월 5일에 치러진 2차 결선투표에서 결국 시라크는 82.06%라는 전대미문의 득표율로 압도적으로 당선되었다. 어쨌거나 극우파 후보가 좌파후보의 분열 때문에 어부지리로 결선에 오른 것은 프랑스 현대정치사 최대의 이변이자 충격이었다. 사회당의 조스팽 후보는 선거가 끝나자 곧바로 정계에서 은퇴했다.

당시 한국 언론은 '프랑스 대선 이변' '좌파 탈락' '극우파 선전' 등의 자극적인 제목을 뽑으면서 그 결과를 보도했지만 프랑스 대선에서 우리가 눈여겨봐야 할 점은 그런 것이 아니었다. 중요한 것은 프랑스 대선의 자유분방함과 정치적 다양성이다. 프랑스 대선 1차 투표는 말 그대로 지구상에 존재하는 다양한 정치적 색깔의 종합전시장이자 선전장이다. 프랑스 대선 1차 선거에 나오지 않는 정치적 색깔은 지구상에서 현실적으로 존재하지 않는다고 해도 틀린 말은 아닐 것이다. 그야말로 극우에서 극좌에 이르기까지, 인종주의에서 무계급사회,

세계혁명론에 이르기까지 자유분방하게 선전·선동할 수 있는 합법적 공간이 프랑스 대선이다. 2002년 선거에서는 공산당을 개량주의라고 비난하는 트로츠키 정당 후보가 3명이나 출마했고, 우파 정치를 가짜 우익이라 선동하는 극우파후보도 2명이나 출마했으며, 녹색당 등 환경주의자가 2명, 사냥, 낚시를 중시하는 자연주의자가 1명 등 후보의 성향도 그야말로 각인각색, 천차만별이었다.

1차 선거에 출전한 16명의 신상과 성향을 개괄적으로 살펴보면 프랑스 정치의 자유와 다양성을 생생하게 느낄 수 있다. 당초 가장 유력했던 후보는 대통령 자크 시라크와 총리 리오넬 조스팽이었다. 현직 대통령과 현직 총리가 각각 좌우 정치 세력의 지도자로 격돌했던 것은 프랑스가 아니면 찾아보기 힘든 정치 현상이다.

자크 시라크Jacques Chirac 대통령은 드골주의자로 우파세력의 수장이다. 프랑스 우파정당은 여러 개가 있지만 주요정당은 선거 당시 두 개였다. 하나는 RPR(공화국연합)이고 또 하나는 UDF(프랑스민주연합)였는데, 전자는 드골주의 정당이고 후자는 중도우파를 포함한 군소우파정당연합(Union)이었다. 시라크는 우파지만 드골주의자이므로 대외정책, 특히 대미정책에서는 민족주의적 관점이 강했다.

다음은 리오넬 조스팽Lionel Jospin 총리. 그는 프랑스 좌파 제1당인 사회당의 후보였다. 우리나라는 '사회'자만 붙으면 사회당이건 사회민주당이건, 사회주의건 사회민주주의건 차이를 구분하지 않고 일괄적으로 '좌파=불순세력'이라는 딱지를 붙이는 편리한 매카시즘 논리를 갖고 있다. 하지만 프랑스에서는 미묘한 색깔의 차이도 중요하게 생각한다. 프랑스에서 사회주의는 유럽 전체 정치지형에서 보면 사회민주주의에 해당한다. 독일 사민당보다 더 좌파적 원칙을 내세우는 노선 정도로 보면 된다.

조스팽은 2002년 대선의 최대 피해자였고 비운의 정치인이었다. 1995년 대선 1차 선거 때 모든 여론조사기관의 예상을 뒤엎고 당당히 1위 득표를 하면서 좌파의 수장으로 부상했던 조스팽은 2차 투표 때는 47.4%를 득표해 52.6%를 득표한 시라크에게 아깝게 패했지만, 곧바로 치러진 총선을 좌파의 승리로 이끌어내면서 총리가 되었던 인물이다. 경제학 교수 출신인데다 합리적이고 카리스마적인 지도자로 유력한 대통령 후보였지만 2002년 선거에서는 좌파의 표가 지나치게 분산됨으로써 16.18% 득표로 3위에 그쳐 탈락하고 말았다. 사회당 후보가 대선 결선에 나가지 못한 것은 30년 만에 처음 있는 일이었고 결선에서 좌파후보를 내지 못한 것은 전후 처음 있는 정치적 이변이었다. 극우파후보의 결선 진출로 조스팽은 정계은퇴를 선언하며 책임감 있는 지도자의 모습을 보여주었다. 책임지는 모습을 보여준 조스팽은 또 한 가지 추가발표를 하면서 청렴한 정치인의 이미지를 남겼다. 조스팽 총리는 2002년 5월 6일 사퇴하기에 앞서 총리실 특별자금 276만 유로(한화 약 30억원)를 국가예산으로 이월시켰다고 밝혔다. 이 특별자금은 경호, 장관 촌지, 식사, 여행경비 등으로 쓰이는 일종의 공식적 정치비자금이었는데, 퇴임시 이 자금을 국고로 돌려놓겠다고 공언해 왔던 자신의 약속을 지켰던 것이다. 이 자금은 국가예산법에 따라 합법적으로 책정된 것이지만 자크 시라크 대통령의 호화여행, 식사비 스캔들이 일어나면서 정치권 치부의 하나로 세인의 주목을 받은 바 있었다. 시라크 대통령은 당시 가족과 측근들이 사용한 막대한 여행경비와 식사비용의 출처가 문제시되자 총리 재직 시절 사용하다 남아 가져온 특별자금이라고 변명했지만, 조스팽 총리는 시라크와는 달리 깨끗한 정치인의 모습을 유감없이 보여주었던 것이다(「연합뉴스」 2002.5.7.).

세 번째 후보자는 극우정당의 당수이자 전형적인 선동정치가인 장-마리 르펜Jean-Marie Le Pen이다. 르펜의 정당 국민전선(FN)은 프랑스 정치지형에서 가장 오른쪽에 위치해 있는 극우정당이다. 보통의 프랑스인들은 극우 국민전선을 파시스트나 인종주의와 동일시한다. 국민전선이 내세우는 정책의 초점은 두 가지이다. 하나는 안보 및 치안이고 두 번째는 외국인 이민이다. 프랑스 국익을 무조건적으로 내세우는 안보, 범죄율 증가에 따른 강력한 치안 그리고 사형제도와 같은 극형의 재도입, 불법이민의 근원적 억제, 외국인 불법이민자 무조건 추방 등이 그들이 내세우는 공약이다. 하지만 르펜은 외국인 불법이민문제를 거론하면서 은연중에 백인과 유색인종의 우열을 내세우고 심지어 히틀러식 반유태주의 편견을 퍼뜨리기도 했다. 르펜의 정책공약을 보면 프랑스 국익을 최우선으로 하고 외국인 유입을 엄격하게 통제하겠다는 것인데, 정치적 불만이 팽배해 있는 소외계층에게 이런 주장은 호소력이 있는 주장이었다. 하지만 프랑스는 역사적으로 구대륙에서 인종과 민족의 용광로(melting pot) 역할을 해온 나라이고, 이념적으로는 자유의 나라였다. 때문에 프랑스에서는 인종주의나 제노포비(xenophobie: 외국인 혐오)는 정치적 금기에 해당하는 위험한 발상이다. 좌우를 막론하고 기성 정치세력들이 하나같이 르펜 정당에 대해서 협력과 타협을 거부했던 것도 같은 이유에서였다.

르펜이 1차 투표에서 17% 득표로 2위를 해 결선에 진출하자, 사회당이나 군소 좌파 정당은 르펜을 거부하면서 우파의 시라크에게 투표하라는 공식선언을 했다. 시라크를 지지해서가 아니라 르펜은 절대 안 된다는 확고한 신념에서였다. 5월 5일 결선투표에서 이변은 일어나지 않았고, 1차 투표에서 40%에 달했던 좌파 표는 대거 시라크에게로 향했다. 시라크는 82%대 18%이라는 압도적인 표 차이로 재선에 성공했다. 2차 결선에서 르펜은 1차 투표 득표율 16.8%보다 1.3%포인트를 더 얻는데 그쳤을 뿐이다. 결국 2차 투표는 시라크를 뽑는 선거라기보다 르펜을 거부하는 범국민적인 투표가 되어 버렸다.

1차 선거에서 상위 득표한 세 명을 빼면, 나머지 13명의 후보는 흔히 이야기하는 '군소후보'들이다. 하지만 단 1-2%를 득표한 군소후보라 할지라도 프랑스에서는 중요하게 취급된다. 왜냐하면 다양한 정치적 색깔은 언제든 선택할 수 있는 잠재적인 가능성이며, 이런 다양성이야말로 프랑스 정치 역동성의 밑거름이기 때문이다.

4위 득표자는 6.84%를 얻은 프랑수아 베이루François Bayrou이다. 베이루는 프랑스 우파의 양대 정당 중 하나인 '프랑스민주연합(UDF)'의 후보이다. UDF는 라이벌정당 RPR(공화국연합)에 눌려 다소 지지부진했지만 시라크 대통령 이전에 한때는 UDF가 우파의 대표정당이었다. 미테랑 대통령의 전임자였던 지스카르 데스탱 대통령이 UDF의 지도자였다. 시라크 대통령도 지스카르 데스탱 대통령 당시 총리를 역임했었다. 베이루는 미테랑 대통령하 동거내각에서 교육부 장관을 지냈으며 인문학 교수 출신으로 정치적으로는 중도우파이다.

5위는 5.72%를 득표한 여성후보 아를레트 라귀에Arlette Laguiller였다. 여성후보지만 16명의 후보 중 가장 과격하고 급진적인 후보이다. 라귀에는 2002년 대선 출마로 내리 다섯 번을 연거푸 대선에 출마한 기록을 세웠으며, 트로츠키 정당 '노동자의 투쟁(LO)'의 공식후보였다. 그녀는 TV 공식 선거유세에 나와 '개량적인 공산당을 믿지 말고 세계혁명을 위해 투쟁하자' '자본가 지배를 끝장내고 노동자가 주인 되는 세상을 건설하자' 등 과격한 구호를 비장하게 외쳤다. 라귀에는 매 선거 때마다 '노동여성, 노동자 여러분'이라는 똑같은 문구로 시작해 노동자들을 선동(?)해 왔는데 프랑스 국민들은 그녀의 선동에 꽤나 익숙해져 있다.

다음으로 5.33%를 득표한 장 피에르 쉬벤느망Jean-Pierre Chevènement은 MDC(시민운동당)을 이끌고 있는 좌파정치인이다. MDC는 성향적으로는 사회당에 가깝지만 독립적 성격이 강한 좌파정당으로, 정당보다는 운동을 강조하는 정치세력이다.

2002년 선거에서 강세를 보인 또 다른 신예 후보는 녹색당(Les Verts) 후보 노엘 마메르Noël Mamère이다. 이름이 재미있다. 노엘은 크리스마스에 해당하는 프랑스어이고, 마메르란 성은 '나의 어머니'란 뜻이다. 우리말로 풀어보면 '우리엄마 성탄절'씨인 셈이다. 노엘 마메르는 처녀출전한 녹색당 후보였다. 당시 녹색당 후보로는 조절학파 경제학자의 대가 알랭 리피에츠Alain Lipietz가 거론되었으나 본인의 고사로 노엘 마메르가 대신 출마했다.

8위를 차지한 올리비에 브장스노Olivier Besancenot 후보도 이변을 낳았던 후보이다. 브장스노는 LCR(혁명적 공산주의자 동맹)의 후보이다. LCR은 득표율 5위로 기염을 토했던 여성후보 아를레트 라귀에의 소속정당인 LO(노동자의 투쟁)와 라이벌 관계인 또 다른 트로츠키 정당이다. LCR의 공식후보 올리비에 브장스노는 이 선거에서 최연소 후보이면서 과격한 후보였다. 입후보 당시 27세였는데, 그는 거리투쟁의 현장지도자로서 언론의 주목을 받으면서 부각된 인물이다. 직업은 우체국 직원으로, 우편배달부를 하며 노조활동에 참여했던 현장운동가 출신의 신세대 정치인이다.

다음은 프랑스 공산당(PCF) 후보 로베르 위Robert Hue이다.

여기에서 잠깐 프랑스 공산당이 걸어온 현대사를 살펴보자. 프랑스 공산당의 역사는 프랑스 현대 정치사에서 중요한 한 부분이다. 1920년 투르대회에서 결성된 공산당은 이탈리아 공산당과 함께 유럽 최대의 공산당이었다. 제2차 세계대전 직후에는 제1당으로 입각했으나 라마지에 내각에서 추방된 이후로 줄곧 야당의 자리를 지켜오다 1977년 사회당과의 공동강령채택으로 좌파집권의 길을 열었다. 원래 프랑스 공산당은 친소노선이었으나, 1976년 제22차 전당대회에서 독자노선을 선언하면서 유로코뮤니즘의 길을 걸어왔다. 1972년 당권을 장악한 조르주 마르셰 서기장은 소련의 인권억압과 정치탄압을 거부하고 어떤 공산체제에도 구속받지 않는다는 독자노선 추구를 선언했으며, '프롤레타리아 독재노선'의 포기를 선언해 국민의 지지도를 높였다. 1977년에는 사회당과의 연합으로 지방선거에서 52%의 득표율을 기록했으며, 321개 도시에서 승리했다. 공산당-사회당 연합 좌파가 승리하자 당시 사회주의 정권의 출현을 우려하는 미국이 성명을 발표함으로써 내정간섭 논쟁을 일으키기도 했다. 프랑스 공산당은 1981년 사회당 후보 미테랑을 지원하여 좌파정권을 탄생시켰고 미테랑 초반기에 정권에 참여했으나 곧 탈퇴해 야당으로 독자노선을 걷다가 리오넬 조스팽 내각에 다시 참여했다. 마르셰 서기장은 소련, 동유럽의 공산주의 블록이 무너지고 공산당의 자기변신이 요구되던 1994년 스스로 서기장을 사임하고 당내 개혁주의자인 로베르 위에게 당수 자리를 물려주어 공산당 혁신의 길을 터놓았다. 마르셰는 1997년 11월 16일 새벽, 파리의 한 병원에서 오랜 지병인 심장질환으로 세상을 떠났다. 20년 이상 공산당을 이끌어온 마르셰의 죽음 앞에서 자크 시라크 대통령은 다음과 같은 담화를 발표하며 애도를 표했다.

> "조르주 마르셰의 사망 소식을 전해 듣고 비통한 심정이다. 나는 그를 잘 안다. 그의 힘과 그의 신명의 진실성도 잘 알고 있다. 그는 오랜 세월 동안 프랑스 공산당의 역사뿐 아니라 프랑스 정치 전체에 일획을 그어왔다. 역사적인 한 인물이 사라진 것이다."

마르셰의 후임으로 당수에 오른 로베르 위는 줄곧 공산당 개혁을 주도하면서 당내에서 확고한 지지를 얻었다. 그는 국회의원이자 몽티니 레 코르메이라는 조그만 마을의 시장이었는데, 구레나룻을 기른 근엄한 공산당수라는 이미지와는 달리 원래 직업은 남자 간호사였다.

장 생-조스 후보는 16명의 후보 중 정치적 색깔을 판별하기 힘든 후보였는데 굳이 분류하자면 군소우파이다. 그가 이끌었던 정당은 정치정당이라기보다는 이익정당의 성격이 강하다. 그의 정당은 CPNT인데, '사냥, 낚시, 자연, 전통 운동당'이다. 사냥하고 낚시하고 자연과 더불어 프랑스인의 전통적인 생활을 되찾자는 좀 봉건적 성격의 운동으로 자연보호를 주창하는 녹색당과는 앙숙지간이다. 정치적 정당이 아님에도 불구하고 당시 선거에서 4.23%를 득표하는 기염을 토했다.

다음으로 코린 르파쥐 후보는 알랭 쥐페 우파 내각 당시 환경장관을 역임했던 여성후보이다. 소속정당은 CAP 21(21세기를 위한 시민성, 행동, 참여당)이라는 군소우파정당이다. 녹색당이 좌파적인데 반발해 우파 환경주의를 주창하면서 독자적으로 출마했는데, 1.88%를 득표하는데 그쳤다.

알랭 마들렌 후보는 '자유민주주의정당'의 당수로서 울트라 자유주의자이다. 또한 그는 레이거노믹스나 대처리즘 식의 철저한 시장주의자이다.

크리스틴 부탱은 UDF 계열인데 친시라크 성향으로 출마명분조차 뚜렷하지 않은 후보이다. 때문에 엘리제궁의 시라크가 우파의 상대후보인 프랑수아 베이루의 표를 잠식해 상대적으로 자신이 우파 1위로 결선에 진출한다는 계산으로 출마시켰다는 음모론까지 공공연히 나돌았다.

브뤼노 메그레는 장-마리 르펜과 마찬가지의 극우파인데, MNR(공화파국민운동당)의 당수이다. 원래 메그레는 르펜의 극우정당 FN(국민전선)의 제2인자요 그의 후계자로 지목되었으나 르펜과 잦은 불화로 탈당해 결국 새로운 극우정당을 창당했다. 하지만 성향이나 이념은 르펜과 아무런 차이가 없었고 지지율은 매우 저조했다.

마지막으로 크리스티안 토비라Christiane Taubira 후보는 프랑스 대선 역사상 최초의 유색 인종 후보였다. 프랑스는 과거 식민제국 시절의 유산을 아직도 많이 간직하고 있는데, 중미, 남태평양, 아프리카 등지에서 여전히 프랑스령을 가지고 있다. 토비라는 중미의 프랑스령 기안(Guyane: 영어로는 기아나, 브라질 북쪽, 수리남 옆에 위치한 프랑스령)의 국회의원이었다. 기안은 프랑스가 주도하는 유럽우주기구의 인공위성발사대 '아리안' 기지가 있는 곳인데, 우리나라 최초의 위성 우리별 1호도 기안의 아리안에서 발사되었다. 흑인 여성 후보 토비라는 좌파계열이고 리오넬 조스팽 내각의 일원이었는데 당시에는 PRG(급진좌파당)의 후보로 출마했다. 급진좌파당은 친사회당 성격이며 사회당보다 조금 더 개량적인 정당이다. 토비라 후보는 프랑스 본토 출신이 아니라 해외 프랑스령 출신의 최초 대선후보라는 기록을 세웠다. 이상으로 2002년 대선 1차 선거에 입후보했던 16명의 명세표를 일별해 보았다.

이렇게 프랑스 대선 1차 선거의 후보는 극좌의 트로츠키주의자에서부터 극우파에 이르기까지 정치적 스펙트럼이 넓다. 정치적 색깔이 다양하다는 것은 정치적 선택의 폭이 넓다는 것이고, 사람들의 생각이 그만큼 자유롭고 모든 이념을 존중한다는 의미이다. 좌우를 망라하는 다양한 색깔의 후보들이 자유롭게 사상과 정견, 정책을 제시하는 프랑스 정치는 역동적 민주주의의 산 교육장이라 할 수 있다.

정치적 마이너리티 간의 대결, 2007년 대선

이번에는 2007년 4월 22일에 치러진 대통령선거이다. 2007

년 대선 1차 투표도 세계인의 지대한 관심을 끌었다. 프랑스 대선은 언제나 그러하지만 이번에도 매우 역동적 선거였다. 게다가 좌우격돌, 남녀의 대결, 정치적 연대에 의한 승부 등으로 온갖 정치적 담론과 관심을 증폭시키며 흥행에 대성공을 거두었다.

2007년 5월 6일 결선투표 직전에 발표된 여론조사에서 사르코지는 52%로, 48%의 루아얄보다 조금 앞섰다. 2007년 대선 1차 투표에서 큰 이변은 없었다. 전형적인 프랑스의 대선처럼 우파와 좌파의 제1당 후보가 나란히 1, 2위를 차지했다. 투표율이 83.78%(투표자 3726만명)를 넘어서는 대기록을 세우면서 치러진 1차 투표에서 우파 집권여당인 국민운동연합(UMP)의 니콜라 사르코지 후보는 31.17%를 득표해 선두를 차지했고, 2위는 25.87%를 득표한 좌파 제1당 사회당(PS)의 세골렌 루아얄 후보에게 돌아갔다.

중도우파정당 프랑스민주연합(UDF)의 프랑수아 베이루는 18.57%로 3위, 극우파 국민전선(FN)의 장-마리 르펜은 10.44%로 4위를 차지했고, 극좌 트로츠키주의 정당인 혁명적 공산주의동맹(LCR)의 올리비에 브장스노는 4.08%로 5위를 차지하는 기염을 토했다. 그 밖의 후보들을 보면 우파 '프랑스를 위한 운동'의 필립 드 빌리에 2.22%, 공산당 후보 마리-조르주 뷔페 1.92%, 녹색당의 도미니크 부와네 1.57%, 극좌 노동자의 투쟁당 아를레트 라귀에 1.32%, 대안의 세계화주의자 조제 보베 1.32% 등으로 미미한 득표이다.

2007년 대선에 입후보한 후보는 2002년보다 4명이 적은 12명이었다. 그 중 좌파는 7명이고 여성후보는 4명이었다. 과반 이상이 좌파후보이고 여성후보가 3분의 1이나 된다는 점만 봐도 프랑스 대통령선거가 다른 나라의 선거와는 확연히 다름을 실감할 수 있다.

좌파후보의 난립은 프랑스 대선의 특징 중 하나이다. 사회민주주의 성향의 사회당 후보 세골렌 루아얄, 전통적 좌파성향의 녹색당 후보 도미니크 부와네는 그래도 온건 좌파에 속한다. 첫 출마한 조제 보베는 맥도날드 매장 시위를 주도해 왔던 반세계화운동의 기수이자 전투적 농민운동가이고, 좌파집권시 청소년체육부장관을 역임했던 마리-조르주 뷔페는 로베르 위 당수 후임으로 공산당을 이끌어온 여성지도자이다.

제라르 쉬바르디, 올리비에 브장스노와 아를레트 라귀에는 미묘한 성향의 차이는 있지만 모두가 트로츠키주의자들이다. 역대 프랑스 대통령선거에서 트로츠키정당의 후보들은 '기회주의적 공산주의에 속지 말고 진정한 혁명주의자인 트로츠키주의자에게 투표하라'며 공격적이고 선동적인 유세를 펼쳐왔다.

2002년 선거에 이어 두 번째로 출마한 올리비에 브장스노는 1974년생으로 출마 당시 만33세에 불과했다. 현대사를 전공한 브장스노는 트로츠키주의 정당인 혁명적 공산주의동맹(LCR)의 후보로 25세의 젊은 나이에 당 지도부에 합류했지만, 직업정치인을 거부하고 생계를 위해 파리 근교의 부자 도시 뇌이-쉬르-세느에서 줄곧 우편배달부로 일해 왔다. 출마를 위해 휴가를 낸 것으로도 유명하다.

아를레트 라귀에는 1974년 이래 단골로 입후보해 온 정치인으로 대선 때면 프랑스 국민들에게는 아주 친근한 인물이다. "내가 투쟁하고 있는 상대는 사장님들이 아니라 자본주의이다. 자본주의는 투기에 기반한 완전히 미친 시스템이다"라고 말하는 라귀에의 주장은 언제나 과격했다. 이 선거에서 그녀는 '국가가 보장하는 최저임금을 당장 1500유로(약 190만원)로 올리고 모든 임금노동자의 임금을 300유로(38만원)씩 인상하고 120만호의 임대주택을 공급하겠다'는 그야말로 혁명적인 공약을 내걸었다.

12명의 후보 한 명 한 명이 주장이나 정책 면에서 제 각각이고, 그들의 살아온 역정 또한 다채롭다. 어쨌건 프랑스 대통령선거는 다양한 이데올로기와 다양한 인물을 한꺼번에 만날 수 있다는 점에서 어떤 드라마 못지않은 흥미를 준다. 바로 이런 분방하고 자유로운 선거문화야말로 프랑스 민주주의가 갖는 역동성의 기반이다. 좌우 후보 중 누가 대통령이 되든 간에 프랑스는 언제나 자유롭고 분방한 민주주의를 유지할 것임이 분명하다. 매번 프랑스 대통령선거는 우리에게 정치를 만끽하고 민주주의를 향유하는 그런 즐거움을 주곤 한다.

결국 여론조사의 표심대로 사르코지는 5년간 프랑스를 이끌 새 대통령으로 선출되었다. 하지만 결선투표에서는 다양한 정치적 분파간의 연대와 좌우를 넘어서는 교차투표가 이루어졌다. 프랑스 대선 결선투표에서는 중도파의 표심이 어디로 향하는지를 살펴보는 것이 언제나 관전 포인트이다.

2007년 프랑스 대선 2차 투표에서는 좌파후보와 우파후보가 격돌했다. 2002년 대선 결선에서 우파의 시라크와 극우파의 장-마리 르펜이 격돌했던 것을 제외하면 5공화국에서 치러진 대통령선거의 결선투표는 거의 좌우 대결로 치러졌다.

결선투표에서는 결국 사르코지와 루아얄이 맞붙었다. 하지만 사르코지나 루아얄은 둘 다 정치적 마이너리티에 해당한다. 사르코지는 변호사 출신으로 부자 도시 뇌이-쉬르-세느 시장, 재경부 장관, 내무부 장관 등을 두루 거쳤지만, 헝가리 이민 2세대이고 프랑스의 정치인이나 지도자들이 거치는 필수코스인 그랑제콜 출신도 아니었던지라 정치적으로는 분명 마이너리티에 속한다. 헝가리 이민 출신자가 집권당 후보로 나설 수 있고 그것도 압도적 득표를 할 수 있는 것은 자유분방한 프랑스 정치에서나 가능한 일이다.

세골렌 루아얄 후보는 실용주의적 사회주의를 주창하는 포스트 미테랑 세대 정치인이다. 최초의 사회당 여성 후보였다는 점에서도 세계 언론의 스포트라이트를 받았다. 그녀의 면면도 보통은 아니었다. 루아얄은 파리정치학교와 고급관료양성을 위한 그랑제콜 국립행정학교(ENA)를 나온 재원으로 미테랑 대통령의 보좌관, 환경부 장관, 가족복지부 장관 등을 두루 거쳤다. 하지만 프랑스 본토생이 아니라 세네갈의 다카르 근교 태생인데다가 결혼을 하지 않고 사실혼 관계에 있었다는 점 등에서 사르코지와 마찬가지로 마이너리티를 대표한다고 볼 수 있다. 우아하고 날씬하며 매력 있는 루아얄은 네 아이의 엄마이자 프랑스 사회당 당수인 프랑수아 올랑드의 동거인이기도 했다. 대선 후 루아얄은 올랑드와의 오랜 사실혼을 청산하고 결별했다. 그의 적수였던 니콜라 사르코지도 대통령 당선 후 5개월 만에 이혼을 하여, 2007년 대선은 결선투표의 두 후보가 모두 이혼을 하는 이색기록을 남겼다.

2007년 4월 22일 1차 투표, 5월 6일 결선투표를 거쳐 니콜라 사르코지는 당당히 엘리제궁에 입성했다. 그는 53%라는 비교적 안정적인 득표율로 47%에 그친 사회당 후보 세골렌 루아얄을 누르고 승리했다.

역대 프랑스 대통령선거 결선투표에서 사회당 후보는 단골이다. 사회당 후보 미테랑은 결선투표에서 드골, 지스카르 데스탱, 시라크와 맞붙었다. 프랑스 사회당은 현대 프랑스 정치를 이끌어온 가장 중요한 정치세력이며, 유럽 사회민주주의의 핵심이기도 하다. 사회민주주의는 유럽식 좌파정당의 일반적인 정책이데올로기이지만 나라마다 약간의 차이는 있다.

유럽나라들을 보면 나라마다 오래된 주요 정당들이 있다. 영국에는 1832년 보수연합으로 시작된 현재의 보수당과 1900년에 노동대표위원회 형태로 결성된 노동당이 대표적인 정당이다.

독일에는 1945년 창당된 우파 기독교민주연합(CDU)과 사회민주당(SPD)이 정치적 균형을 이루고 있다. 특히 독일사회민주당(SPD)은 1875년 고타에서 라살이 이끌던 전全독일노동자동맹과 마르크스주의자들이 통합하면서 창당한 역사적인 정당이다. 당시에는 독일사회주의노동당이었으나 1890년에 사회민주당으로 개명했다.

이탈리아에서 가장 오래된 정당은 이탈리아공산당(PCI)이다. 이탈리아공산당은 1921년에 창당되었고, 마르크스주의와 그람시의 진지전 개념을 이념으로 하는 고전적 공산당이었으나 1991년 당명을 좌파민주당으로 개명하고 사회민주주의에 합류했다.

어쨌건 유럽 주요국가의 오래된 정당들을 보면 대부분은 좌파 정당이다. 역사적으로 오래된 정당들 중에 좌파 정당이 많은 것은 좌파 정당의 경우는 대부분 뚜렷한 이념지향을 갖고 있기에 우파 정당에 비해 이합집산을 하지 않고 오랫동안 독자적 발전의 길을 걸어왔기 때문이다.

프랑스 정당 중 가장 오래된 당은 프랑스 사회당(PS)이라고 할 수 있다. 미테랑이 사회당이란 이름으로 재창당하기 이전에 존재하던 국제노동자협회가 바로 사회당의 전신이다. 따라서 프랑스 사회당의 출발은 1905년의 인터내셔널(국제노동자협회) 프랑스지부(SFIO)부터라고 봐야 한다. 여기에 공산주의자, 마르크스주의자, 블랑키주의자, 개혁적 사회주의자들이 공존하다가 1920년 투르대회에서 공산주의자들이 분리 독립해 프랑스 공산당(PCF)을 창당하면서 사회주의자와 공산주의자는 각각 독자적 노선을 추구하게 되었다.

프랑스 사회당과 프랑스 공산당은 각각 역사 속에 획을 그었던 정책정당이었고, 오늘날에도 여전히 건재함을 과시하고 있다. 사회당은 103년, 공산당은 88년의 역사를 갖고 있다. 물론 역사적 변화에 따라 세부강령이나 정책은 조금씩 바뀌었지만, 초창기부터 견지해온 이데올로기와 이념적 이상은 그대로 유지해오고 있다. 이것이 바로 유럽 정책정당의 생명력이다. 인물 중심으로 이합집산과 합종연횡을 통해 정치개편이 이뤄지고 해체와 통합, 재창당을 거듭하는 한국의 정당과는 근본적으로 다른 모습이다. 한국의 정당들이 인물중심 정당이라면, 유럽의 정당들은 인물은 바뀌어도 정책과 이념은 유지되는 정책정당이다. 정당의 정체성은 그 정당이 추구하는 정책노선이나 이데올로기에 있는 것이지, 정당을 이끄는 지도자의 인물 됨됨이에 있는 것이 아니다. 정당의 목적은 정권획득인 바, 정권을 획득하는 힘의 원천은 궁극적으로 정책으로부터 나온다. 정책정당만이 오래 갈 수 있는 것이고, 정책정당만이 진정 유권자와 대중을 움직일 수 있다. 결국 정치인은 짧고 정책정당은 길다.

정치, 경제 등 모든 영역에 있어서 문화의 중요성은 아무리 강조해도 지나치지 않다. 정치발전에서는 정치문화가 중요하고, 경제발전에는 경제문화가 중요하다. 선진국과 후진국의 차이는 문화에서 비롯된다고 해도 과언이 아니다. 정치에 있어서의 선진국과 후진국의 차이는 정치문화에 달려있다. 사상 검증과 상호비방이 난무하는 문화는 후진국의 정치문화이며,

온갖 이데올로기들이 선거공간에서 떳떳하고 당당하게 맞붙어 정책대결을 벌이는 것은 선진국의 정치문화이다. 정치적 문화나 환경을 제대로 이해하지 못하면 정치적 결과도 제대로 해석할 수 없는 법이다. 프랑스 대선이 끝난 후 한국 언론들은 제각기 자의적인 해석들을 내놓았고, 정치권도 지구 반대편에 있는 나라의 선거결과에 대해 '제 논에 물대기'식의 해석을 남발하곤 했다. 사르코지의 당선에 대해 한국의 보수정치인들은 크게 고무되었다. '복지주의적 좌파의 쇠퇴, 신자유주의적 우파의 승리'라는 분석이 주류를 이루었다.

그러나 프랑스 대선 결선투표에서는 우파 연합 후보와 좌파 사회당 후보가 맞붙는 것이 보통이다. 좌우 후보가 맞붙는 것은 유럽에서는 일상적이고 자연스런 상황이다. 따라서 2007년 프랑스 대선에서의 우파 승리는 사실 유권자의 새로운 선택도 아니고 큰 변화도 아니었다. 게다가 좌파에서 우파로 정권이 이양된 것도 아니고 집권여당의 당수가 대통령에 당선된 것일 뿐인데, 우리나라에서 그렇게 요란스런 정치적 해석들을 남발했던 것은 좀 지나쳤다고 하지 않을 수 없다.

프랑스 대선에 대한 우리 언론이나 보수정치권의 태도는 지나치게 정치적이거나 주관적이었다. 더구나 프랑스 정치문화를 어느 정도 이해한다면 2007년 대선결과에 대해서 그렇게 요란스럽게 반응할 하등의 이유가 없었을 것이다. 정치상황이 우리와 딴판인 프랑스의 대선결과를 아전인수식으로 해석하는 것은 우리 정치문화의 후진성을 보여준다.

프랑스의 정치적 지형은 매우 자유분방하고 이데올로기의 스펙트럼도 굉장히 넓다. 정치적으로 자유롭기 때문에 극좌에서 극우까지 자신의 소신에 따라 이데올로기를 선택할 수 있고, 서로 다른 이데올로기 간에도 톨레랑스를 통한 평화적 공존이 이루어진다.

물론 대선이나 총선에서 극우 민족주의 후보와 극좌 트로츠키주의 후보 간에 치열한 설전이 벌어지기도 하지만 서로의 정치적 선택에 대해서는 최대한 존중해준다. 사상에 대한 검증이란 있을 수 없는 일이며, 꼭 검증을 해야 한다면 파시즘이나 인종주의만이 그 대상이 된다. 이렇게 사상의 자유가 주어지느냐 그렇지 않느냐는 자유민주주의를 가늠하는 중요한 척도이다.

프랑스는 전통적으로 국가주의, 공동체주의, 진보주의의 색채가 두드러졌던 국가이다. 2007년 대선 1차 투표에서 출마한 후보 12명 중에서 7명이 좌파였던 점은 특이할 만하다. 그런데 좌파, 우파라는 개념은 상대적인 개념이다. 나라마다 좌파나 우파가 전체적 정치지형에서 차지하는 위치는 다를 수 있다. 또한 같은 좌파라 하더라도 얼마나 좌측으로 치우쳐 있는가는 나라마다 다를 수 있다.

가령 2007년 프랑스 대선에서 "프랑스의 우파는 영국의 좌파가 하는 일을 한다"는 이야기가 공공연하게 나왔는데, 이는 자유주의적인 영국의 이데올로기 지형이 전체적으로 크게 우측으로 기울어 있음을 의미한다. 그렇다면 프랑스의 이데올로기 지형을 우리나라와 비교해본다면 어떨까. 아마도 프랑스의 우파는 우리나라의 진보적 좌파쯤에 해당한다고 말할 수도 있을 것이다.

프랑스는 1936년에 레옹 블룸의 좌파 인민전선이 집권해 노동조건을 대폭 개선해 놓았던 역사를 갖고 있다. '4주 유급 휴가제'는 1930년대 인민전선 정권이 법제화한 것이다. 그 후 반세기가 지나 1981년에 이르러 미테랑의 당선과 함께 다시 좌파 정권이 들어서면서 유급휴가는 5주로 늘어났다. 사회당 정부하에서는 주35시간 노동제가 도입되었다. 유급휴가만을 놓고 볼 때, 21세기를 살아가는 우리나라는 아직도 프랑스의 1930년대만도 못한 상황이다. 노동자가 4주 동안 유급휴가를 간다는 것이 우리 사회에서 가능하기나 한 일인가. 한편 오늘날 프랑스는 우파세력조차 역사적으로 획득한 이런 사회적 권리나 노동조건 등을 당연한 권리로 받아들이고 있다. 사정이 이런데도 프랑스 우파를 우리와 같은 우파라고 이야기할 수는 없는 것이다.

우리 정치문화와 프랑스의 정치문화가 확연히 다름은 또 다른 예에서도 확인할 수 있다. 사르코지 대통령 당선인은 당선 직후 내각을 구성하면서 가장 먼저 외무부 장관을 베르나르 쿠쉬네르Bernard Kouchner로 내정했다고 발표했다. 프랑수아 피용이 총리로 임명되고 정식으로 15명의 각료리스트가 발표되기 이전에 가장 먼저 확정된 장관이 쿠쉬네르 외무부 장관이었다. 베르나르 쿠쉬네르는 인도주의 의사로 우리나라에서도 잘 알려진 '국경없는 의사회'의 공동창립자이자 '세계의 의사회'의 창립자이다. 하지만 정치적으로 쿠쉬네르는 골수 사회주의자이다. 1968년 사회운동 때는 학생운동에 참가했고 그 후 40년간을 사회주의자로 살아왔으며 미테랑 대통령이 가장 총애했던 정치인 중의 한명이었다. 사회당 집권 시절에는 인도주의 장관, 보건부 장관 등을 역임했다.

사르코지 대통령은 국제사회에서 프랑스는 프랑스적인 분명한 노선을 견지해야 한다고 생각했고, 그래서 외무부 장관 후보로 리오넬 조스팽 총리가 이끌던 사회당 정부 시절 외무 장관을 역임한 위베르 베드린을 먼저 접촉했다. 베드린이 거절하자 조스팽 내각에서 보건부 장관을 지냈던 베르나르 쿠쉬네르를 설득해 결국 승낙을 받아냈다. 물론 사회당 내부에서는 쿠쉬네르의 장관직 수용을 정치적 배신으로 받아들이는 흐름도 있었고, 일부 언론은 2007년 6월에 있을 총선을 겨냥한 정치적 쇼라고 논평하기도 했다. 하지만 쿠쉬네르는 언론과의 인터뷰에서 니콜라 사르코지 대통령과의 통화에서 자신은 사회주의자이고 앞으로도 그럴 것이라고 말했고 그래도 괜찮다면 장관직을 맡겠다고 분명히 말했다고 강조했다.

미테랑 대통령 시절에 두 번, 시라크 대통령 시절에 한 번, 이렇게 세 차례나 좌우동거정부를 경험했던 프랑스인지라 사안에 따른 좌우합작은 크게 놀라운 일은 아니었다. 사르코지 대통령은 진정으로 프랑스의 국제적 위상을 높일 수 있다면 좌파, 우파라는 색깔은 충분히 뛰어넘을 수 있다고 생각했던 것이고, 외무부 장관 자리는 충분히 그럴 수 있는 자리라고 판단했던 것이다.

사르코지 집권 후의 첫 번째 내각구성은 꽤나 파격적이었다. 우선은 남녀 성비가 그렇고, 젊은 장관의 대거 기용이 그렇다. 총리를 포함해 모두 15명의 장관으로 내각을 슬림화했는데 15명 중 여성장관이 7명이나 된다. 총리를 뺀다면 장관이 남녀동수인 셈이다. 주로 40대, 50대 장관이 다수인데, 고등교육 및 연구부 장관 발레리 페크레스는 입각 당시 39세였고, 노동, 사회관계 및 연대부 장관 자비에 베르트랑은 42세, 법무부 장관 라쉬다 다티는 43세였다. 프랑스의 장관은 전문성으로 하는 것이지 인맥이나 연륜으로 하는 것이 아님을 웅변해주는 대목이다.

마지막으로는 좌우 이데올로기의 수렴현상을 지적하지 않을 수 없다. 이는 오늘날 프랑스뿐만 아니라 유럽 전반에서 나타나는 현상이다. 물론 좌와 우는 다른 이데올로기이며 적대적 측면이 많다. 하지만 역사적으로 자본주의와 사회주의는 체제 대결을 거치면서 서로 상대방의 강점을 받아들이고 자신의 약점을 보완하려는 노력을 꾸준히 해왔고, 이데올로기에 있어서도 개방적인 태도를 취해 왔다.

좌파 진영은 경직된 원칙을 버리고 자유주의적이고 실용주의적인 사고와 경쟁력의 개념을 대폭 수용했고, 우파는 우파대로 좌파적 복지이념과 소외계층에 대한 연대의 개념을 받아들였다. 결국 좌우이데올로기는 상대를 바라보면서 배척하고 억압하기보다는 상대의 장점을 배우며 자신을 개선시키려고 노력해왔던 것이다. 이런 개방적 자세야말로 우리나라 정치권이 가장 먼저 본받아야 할 점이다. '검은 고양이건 흰 고양이건 쥐만 잡으면 된다'는 실용주의적 자세를 취해 경직된 색깔론적 관점을 벗어나야 할 것이다.

대통령선거 1차, 2차 투표에 이어 2007년 6월 10일과 17일, 프랑스에서는 다시 한 번 총선거가 치러졌다. 총선에서는 대선에 이어 다시 한 번 집권 우파연합이 승리했다. 하지만 프랑스의 좌파와 우파는 선거를 통해 격돌하면서도 프랑스를 위한 상생의 정치를 지향하고자 했다. 적대적 진영으로부터 배운다는 개방적 자세로부터 진정한 정치발전이 시작되는 것이다. 그것이 바로 선진적인 정치문화이다.

프랑스 대통령, 이원정부제 그리고 우리

　우리에게 프랑스라는 나라는 여전히 문화예술의 나라, 오만하고 자국어를 지나치게 사랑하는 민족 정도로만 각인되어 있다. 틀린 것은 아니지만, 아직 이 나라의 온전한 모습은 제대로 알려져 있지 않다. 프랑스는 과학기술의 나라이고 합리성의 나라이며 특히 정치적 역동성과 자유분방한 민주주의가 살아있는 나라이다. 프랑스 대통령제의 역사만 살펴보더라도 그들이 자유와 민주, 평등과 연대를 실현하고자 얼마나 지난한 노력을 해왔는가를 엿볼 수 있다. 그들이 선거 때마다 보여준 정치적 역동성은 우리 민주주의가 반드시 배워야 하는 부분이다.

　우리나라는 미국의 영향력 아래에 있는 나라인지라 미국에 대한 관심이 크다. 실제 미국 정치의 변화는 우리에게도 직접적 영향을 미친다. 하지만 민주주의가 인간의 자유와 가치 실현을 보장하는, 완벽하지는 않지만 바람직한 가치라면 프랑스 정치가 우리에게 주는 교훈은 결코 적지 않다. 인류지성사에서 중요한 부분을 차지해 온 프랑스인들의 고뇌와 투쟁의 역사를 더듬다 보면 우리가 당면한 여러 가지 복잡한 문제를 해결할 수 있는 일말의 단초를 찾을 수도 있기 때문이다.

노무현 대통령의 참여 정부 시절, 정체나 선거제도를 둘러싼 정치논의가 왕왕 있었다. 그때마다 레퍼런스 중 하나로 등장한 것이 프랑스식 대통령제, 즉 이원정부제였다. 앞서 살펴본 바와 같이 프랑스는 대통령제와 내각제를 혼합한 이원정부제를 통해 독특한 민주주의를 이끌어오고 있다. 그들도 프랑스혁명 이후 현재의 5공화국에 이르기까지 정치체제와 민주주의 제도의 운영에 대해 많은 논쟁을 벌여왔고, 무수한 고민을 해왔을 것이다. 그러한 고뇌의 족적은 우리에게 훌륭한 타산지석이 될 수 있다.

이 책은 '프랑스 대통령'이라는 테마를 중심으로 이야기를 구성했지만, 결국 이 책에서 말하고자 했던 것은 '프랑스 정치의 역동성'이다. 프랑스식 대통령제는 살아있는 민주주의를 구현하고자 하는 그들의 수단일 뿐이다. 그 근저에 있는 정신을 읽어낼 때만이 우리는 프랑스 민주주의를 제대로 이해할 수 있다. 대통령제, 내각제, 이원정부제 중 어느 것이 더 우월한 제도인가라는 질문은 어쩌면 우문이다. 제도보다 중요한 것은 사람이다. 아무리 민주적인 제도라도 이 제도를 운영하는 사람의 가치와 수준이 낮으면 억압적인 제도로 전락할 수도 있다. 그런 점에서 보면 프랑스 대통령제라는 제도보다는 프랑스 대통령들 한 사람 한 사람을 눈여겨보는 것이 훨씬 나을 것이다.

프랑스혁명 이후 공화정이 설립된 이래 프랑스는 지금까지 23명의 대통령을 배출했다. 드골 헌법 개정으로 탄생한 제5공화국은 프랑스적인 민주주의를 만들기 위한 그들의 역사적 고뇌가 낳은 산물이었다. 반세기 이상을 운영해 온 제5공화국식 대통령제는 나름대로 모순도 노정했고 역동적인 힘도 보여주었다. 그렇지만 프랑스인들은 지금도 고민하고 있고 더 나은 정치적 미래를 꿈꾸고 있다. 부단히 바꾸고 개선하고 혁신을 지향하는 데에 프랑스 정치의 저력이 있다.

프랑스 대통령은 국가원수이자 군통수권자로 상징적인 존재이지만 정치적으로는 민주주의의 수호자이다. 프랑스 대통령이라는 인물을 통해 우리는 프랑스식 민주주의의 작동 원리와 그 바탕에 흐르는 가치를 눈여겨봐야 한다. 그들이 생각하고 행동하고 정치를 이끌어가는 방식에서 대통령 개인의 행동이 아니라 프랑스 정치문화를 읽어내야 한다. 문화는 사회를 서서히 바꾸지만 근본적으로 변화시키는 힘을 갖고 있다. 정치에 있어서도 마찬가지이다.

참고문헌

강원택, 『대통령제, 내각제와 이원정부제』, 인간사랑, 2006.
박정현, 『프랑스인들은 배꼽도 잘났다』, 자작나무, 1998.
신명순, 『비교정치』, 박영사, 1999.
유시민 편역, 『유시민과 함께 읽는 유럽문화이야기 I 영국, 프랑스, 독일 편』, 푸른나무, 1998.
조홍식, 『똑같은 것은 싫다』, 창작과 비평사, 2000.
최연구, 『빠리이야기 - 나폴레옹의 후예들』, 새물결, 1997.
최연구, 『프랑스 실업자는 비행기를 탄다』, 삼인출판사, 1999.
최연구, 『프랑스 문화읽기』, 중심, 2003.
최연구, 『노블레스 오블리주 혁명』, 한울, 2007.
홍세화, 『쎄느강은 좌우를 나누고 한강은 남북을 가른다』, 한겨레신문사, 1999.
자크 아탈리, 김용채 옮김, 『자크 아탈리의 미테랑 평전』, 뷰스, 2006.
장 폴 뒤부아, 함유선 옮김, 『프랑스적인 삶』, 밝은 세상, 2005.
Alain Peyrefitte, *C'était de Gaulle*, Editions de Fallois, 1997.
Arnaud de Maurepas 外, *Les Grands Hommes d'Etat de l'Histoire de France*, Larousse, 1989.
Phillipe Moreau Defarges, *Introduction à la géopolitique*, Edition du Seuil, 1994.
La France du XXe siècle de A à Z, France Loisirs, 1993.

위키피디아 백과사전 프랑스판
네이버 두산세계대백과사전

프랑스 대통령 이야기

초판인쇄 2008년 3월 10일 | 초판발행 2008년 3월 15일
지은이 최연구
펴낸이 심만수 | 펴낸곳 (주)살림출판사
출판등록 1989년 11월 1일 제9-210호

주소 413-756 경기도 파주시 교하읍 문발리 파주출판도시 522-2
전화번호 영업・(031)955-1350　기획편집・(031)955-1357
팩스 (031)955-1355
이메일 salleem@chol.com
홈페이지 http://www.sallimbooks.com

ISBN 978-89-522-0823-1　04080
　　　89-522-0096-9　04080 (세트)

* 잘못된 책은 구입하신 서점에서 바꾸어 드립니다.
* 저자와의 협의에 의해 인지를 생략합니다.

책임편집・교정　정희엽

값 9,800원